本書入選“十二五”國家重點圖書出版規劃項目

本書爲 2013 年貴州省新聞出版局重點圖書，
并獲貴州省出版發展專項資金資助

佛教改革家日蓮

[日]井上義澄 編譯

現代世界佛學文庫

貴州大學出版社
Guizhou University Press

圖書在版編目（CIP）數據

佛教改革家日蓮 /（日）井上義澄編譯. -- 貴陽 :
貴州大學出版社, 2013.12
（現代世界佛學文庫）
ISBN 978-7-81126-662-7

Ⅰ. ①佛… Ⅱ. ①井… Ⅲ. ①日蓮（1222 ～ 1282）－
生平事迹 Ⅳ. ① B949.931.3

中國版本圖書館 CIP 數據核字 (2014) 第 011293 號

佛教改革家日蓮

編　　譯: [日] 井上義澄
責任編輯: 但明天
出版發行: 貴州大學出版社
印　　刷: 貴州創興彩印廠
開　　本: 889 毫米 ×1194 毫米　1/32
印　　張: 10.2
字　　數: 257 千字
版　　次: 2014 年 2 月　第 1 版
印　　次: 2014 年 2 月　第 1 次印刷
書　　號: ISBN 978-7-81126-662-7
定　　價: 65.00 元

出版前言

《現代世界佛學文庫》屬於國家新聞出版總署立項的“十二五”國家重點圖書出版規劃項目。第一期工程已經得到貴州省新聞出版局的出版基金資助。這個《文庫》的總編纂指導者是國内著名佛教學專家。參與編纂工作的有老中青三代學人。中青年學者們都是改革開放以後的三十多年中成長起來的佛教學才俊。老一輩的學者有中國人民大學的方立天教授、北京大學的樓宇烈教授、中國社會科學院的名譽學部委員黄心川教授和楊曾文教授等。承擔《文庫》出版任務的是我們貴州大學出版社。本出版計畫分爲三期工程進行，計畫搜羅或再版國際佛教學研究界的最重要作品，所涉及的主要是中國（含臺灣地區）、日本和歐美的佛教學研究界在過去二百年中的標杆性作品。

本《文庫》爲開放性的出版項目，其最終出版的規模大小，取決於所涉及作品的版權的解決，更取決於貴州大學出版社的經濟實力，也取決於參與本《文庫》從推薦書目到編纂出版的合作者的努力。本社之所以不自量力，承擔了這麽一個耗資大、耗時長而費力甚艱的文化工程，所企望者，是爲國内的佛教學研究界提供一批便於利用的經典之作，爲中國的文化建設與文化繁榮盡一個出版者的綿薄之力，當然，也還有巡禮過去二百年來世界佛教學研究中輝煌成果的用意。我們相信，佛教是人類有史以來最偉大的精神財富之一。佛教學研究是全人類共同的宗教學術探索的精神活動，它也是東西方人文學者的精神創造力的結晶。

佛教原本是東方思想寶庫當中的最重要的一份財富。兩千多年前，佛教在印度誕生。從那裏向四面八方傳播，在南方形成了巴利語佛教；經西北方的中亞向遠東傳播，形成了漢語系的佛教。佛教思想在漢、韓、日的民族文化當中生根發芽，開出了朵朵奇葩；佛教也在“世界屋脊”的西藏高原尋到了自己的家園，孕育出神奇瑰麗的藏語系佛教文化。對於西藏佛教的關注，從二十世紀中期以後，已經成爲世界宗教文化研究的熱點。這三大語系的佛教，又稱爲南傳佛教、北傳佛教和藏傳佛教。其中南傳佛教，因爲其教理教義上距佛陀本人生活佈道的時期最近，往往被認爲深得原始佛教的真義，是初期佛教部派時期的上座長老們的傳統，故也稱上座部佛教。北傳佛教的經典語言是中古以來的漢語，故也稱漢傳佛教。漢語系的經典，從西元之初以降，及至近代，一直使用漢文書寫流傳於世。佛陀的言教，雖然譯自當時的梵語或中亞地方語言，但一經寫爲漢文佛典，也在古代的朝鮮半島和日本列島通行無阻。藏傳佛教的經典形成於十世紀以後，書寫系統和宗教内涵都深受印度思想文化的浸淫。

從空間位置上看，誕生於古代印度的佛教，雖然向四方傳播，但其最顯著的成果則衹在東土和南方顯現。在世界史上的西元之初，佛教并未涉足北方的西伯利亞草原，當時那裏生活的遊牧人群，還無緣沐浴印度的思想光輝；而在同時期的歐洲，因爲先已有燦爛的希臘羅馬文明，更有新近誕生的基督教，以及在中近東已經存在上千年的猶太宗教，佛教大約衹能止步於彼。儘管如此，在西元後的最初數百年間，佛教也已進入西方人的視野。在馬其頓希臘帝國的亞歷山大皇帝眼中，佛教衹是東方斑斕而陸離的諸多宗教文化之一。

以歐洲爲代指的西方世界對佛教的真正興趣始於近現代。西方人對佛教的留意，開始於他們在東方的殖民經營。西方學術界對佛教的研究，說來也衹有約二百來年的歷史。歐洲經過了工業革命并形成了現代資本主義經濟以後，歐洲文化也挾商業主義和殖民主義之勢向東方侵入。歐洲的宗教、歐洲的思想文化和歐洲的價值觀念，在數百年當中橫掃東方世界，對那裏固有的社會形態和文化形態産生了前所未有的衝擊，引起了巨大的變化。西方世界對於亞洲佛教的興趣、關注和研究，正是在資本主義世界經濟模式自西而東的大趨勢中産生的文化副産品。

本《文庫》的作品遴選，衹是基於中國佛教文化的立場，出於中國佛學的視角。其所關注的是佛教學研究的基本内容，即佛教的經典與教理、宗派與學派、佛教的制度、佛教的實踐，以及它們同佛教所寄身的社會和依存的文化傳統間的内在聯繫。《文庫》力圖包容含攝的，除了近現代中國優秀學者的著作，更多屬意於歐美的和東瀛日本的佛學著作。本《文庫》的涵蓋時間，僅及過去的二百多年，自然不能代表佛教在二千五百年來的全部的思想創造與文化積纍。但因其側重的是近現代西方的佛教學研究成果，而驅動這一學術探索活動的，是西方啓蒙運動以來的理性主義傳統，科學與理性是西方佛學研究的基本精神，因此，所有的佛學研究成果便具有了與東方世界古來傳統迥然有異的現代精神含義。他山之石，可以攻玉，這是我們編纂這部《現代世界佛學文庫》的本意。

對我們中國而言，佛學研究，古已有之。廣義的佛教學或佛學研究，起步於二千年前佛教傳入中國之時。但從那以後，傳統的佛學研究是服務於宗教解脱目標的，與近現代的佛教學研究有很大的意義差别。傳統中國的佛學研究，最初的對象雖然自外而來，但活動則是一個文化體系内部的自我研究與自我發現，而近現代西方的佛學研究，則多半是來自外部的學術干預。借用後殖民時代的説法，近現代的佛教學研究視角則完全自外而來的、“他者的”眼光和態度，這種研究隔著雙重的距離——文化的距離感、時代的距離感。從常情上説，近現代西方的佛教學研究，研究者不可能不帶著先有的“成見”或“前理解(*pre-understanding*)”涉入。按專門研究現代性的社會學家吉登斯的説法，研究者或觀察者在理解時，已經受到“視域”的限制，他們不得不受制於研究對象的文本和自身的文化身份和立場。吉登斯稱其爲“*double context*”(雙重的視域)，也就是來自研究對象和研究者自身兩方面的限制，其研究與考察與佛教傳統背景、與學者的知識結構、文化立場與態度都密切相關。

以往傳統當中的佛教學者，無論僧俗，都是佛教的信仰者，其佛學研究的根本目標指向宗教解脱。其學術活動的起點與終點，都衹能是要想達到“解生脱死”，具有强烈的解脱實踐的特點。西方的佛教學研究，以及從事這項工作的學者，其學術研究活動并不必然聯繫於宗教目標，這首先是他們“生於斯長於斯”的基督教文化背景所決定的。二百年來的西方佛教學研究，經歷了“宗教學的一民族學的一人類學的”方法論和目的論過程，大致屬於世俗的學術研究。從宏觀方面看，他們借鑒了西方宗教學、社會學、政治學的方法，而在更加技術性的層面，他們在研究當中，也就坦然地採取了比較語言學的、考古學的、文獻學的手段。就是上世紀八十年代以後，佛教學研究領域内出現的詮釋學研究方法，也大量借鑒了後現代和後殖民研究的立場、觀點與態度。

就此而言，我們的東鄰日本，其佛教學研究，從明治維新以來，也逐步脱離了以宗教解脱爲目的的治學實踐，循著世俗主義的學術路子前進。在保留和繼承佛學研究當中的優秀學術風格與手段（文字訓詁、文獻考訂、史論結合）等的同時，日本佛教學研究也吸收社會學的、政治學的，甚至社會文化批評的方法。就日本佛教學術界言，其所產生的、令人耳目一新的纍纍碩果，都產生在十九世紀以降，在日本學者接引了來自西方的，尤其英國和德國的宗教學研究方法之後。

有鑒於以上的原因，我們出版的《現代世界佛學文庫》，致力於搜羅過去二百多年來歐洲與北美的，以及日本的近現代佛教學研究作品。這裏的"近現代"，既有時間上的，也是以理性主義爲特質的現代研究方法論意義上的。

佛教學研究是學術性的研究，究其本底而言，與政治目的無關。但從事學術研究的學者，在涉入研究領域時，又不免受到其世界觀與人生觀的價值論立場的影響。因此，學者的發言主張，及其學術結論也不免受到時代政治風氣、學術風氣的影響，在有的情況下，其研究方法也難盡脱政治文化的干預。我們在肯定過去兩個世紀以來的西方文化思潮影響下產生的世界佛學研究成果時，另一面也要小心謹慎，言所當言，止所當止。

本《文庫》總結過去二百多年來的佛學成果，大致劃分出以下三個階段的時間框架：

一、十九世紀晚期——二十世紀中期。這一時期，學者們大都致力於用比較語言學的、古文字學的和文獻學的方法來處理佛教的歷史與經典，力求揭示佛教的"本來面目"，力圖展示佛教內在的

“不變的本質”或者“真相”。正是這一時期，形成了三種佛學研究範型：英國—德國學派的，俄國“列寧格勒學派”的，以及法國—比利時學派的。

二、二十世紀中期——二十世紀八十年代。這一時期的佛學研究，可以看作法—比學派的學術風格的繼續發展，其他的兩家已經式微。此期的佛教學研究，在原有的語言學、文獻學研究的基礎上，更多引入了社會科學的多種方法，諸如政治學的、社會學的、人類學的技術手段被大量植入，而當詮釋學方法引入這一領域後，西方佛學研究更多地呈現了社會關懷和政治批判，不再衹是純學術的“象牙塔”内的學問。

三、二十世紀八十年代以後的佛學研究。繼續發揮前兩個階段的優秀學術特點，而隨著西方世界這一時期逐步展開的對資本主義政治制度和文化精神的反省與批判，隨著普世價值觀和文化多元態度的形成，歐美的和日本的佛教學研究也都開始涉及了帶有“後殖民”與“後現代”色彩的社會、政治與文化的批判活動。

特別值得一提的是“東洋”日本的佛教學。它的展開，大致與上述三個時段同步。明治維新以後的日本佛教學術界，先是借鑒和遵循英德佛學研究的路子，如今則多與北美的佛學研究界聲氣相通。當前日本的佛教學研究，除了配合對日本宗教文化與思維的自省與批判，還有研究的細碎分化傾向，不過這正是社會文化多元發展在佛學研究領域内的反映。

經過兩年的努力，《現代世界佛學文庫》第一輯終於問世。我們希望奉獻於文化界和宗教界的這些經典作品，能够受到社會各界的關心與重視。我們懷著出版人的恭謙與惴惴不安，期待來自社會各界的學術批評和對我們的編纂工作的技術批評。

最後我們非常抱歉地在這裏聲明一句，由於著作權許可的聯繫工作的實際困難，我們這套《文庫》的作品，有的尚未得到原著者或翻譯者的授權。於此，我們懇請諸位大德同我們出版社聯繫，以便我社同權利人辦理相關的授權協議事宜。再次爲我們的冒昧致歉，并表達深摯的感恩之情。

中國佛教文化研究所

貴州大學出版社

二〇一二年十月

本册説明

日蓮宗，又作法華宗、日蓮法華宗，爲日本十三宗之一。以日蓮（1222—1282）爲宗祖，依《法華經》，弘宣三大秘法之宗旨，期妙悟即身成佛之宗派。本宗主張於末法之世，須積極實踐本佛、妙法，并强調對國家、社會全體之救濟遠較個人之重要。教判有教、幾、時、國、序等五綱判；宗旨爲本門之本尊（即日蓮手寫之《妙法蓮華經》五字題目及繪有天部諸尊之十界互具之曼荼羅）、題目（即《妙法蓮華經》五字）、戒壇（以題目爲戒體，口唱題目即爲無作之圓頓戒）等三大秘法；以現實之佛國土爲最終極之理想。

日蓮即爲日本佛教日蓮宗之創始人，字蓮長。敕謚"立正大師"（大正天皇敕賜）。父貫名重忠，本爲遠江（静岡縣）人，後流放到安房（千葉縣），以捕魚爲生。十二歲出家於清澄寺，然於所受之台密與念佛法門起疑，乃向虚空藏菩薩祈願，欲成爲日本第一智者。後登比叡山，修學十一年。又游歷高野山、四天王寺等，遂了悟《法華經》乃佛陀一代聖教之精髓。返鄉後始唱《妙法蓮華經》五字之題目，改名日蓮，爲日蓮宗創立之始。

本書關於日蓮的傳記篇，是原著田邊善知先生專門根據史實寫出來的，對於日蓮的傳記相當客觀、公正，同時譯者對原著中的佛語、聖日蓮遺文以及人名、地名等難以理解的字句，都一一做了注釋，書末還附有日蓮聖人傳圖解與教義體系圖解，這對學佛者或研究聖日蓮相關事迹與教義的讀者，實屬作用頗大。故將本書收録於《文庫》之中，希望能够對讀者有所幫助。

衆生一日不成佛我夢終宵有淚痕此近人蘇曼殊句也曼殊行類玩世者流非能宏佛道度衆生者然其言可嘉謹志於此冊願善男子善女人讀此冊得佛自覺覺人与日蓮並駕天時大願者也

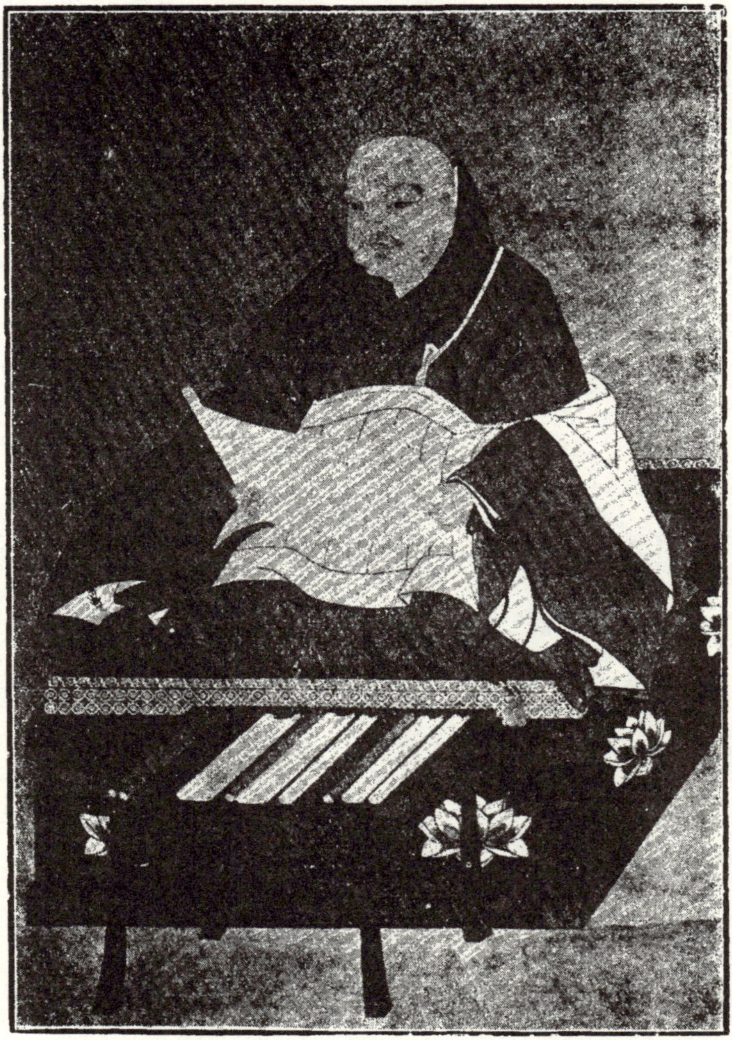

聖日蓮肖像

序

聖日蓮和他的主義是“世界之寶”，又是“末世之光”！因爲什麼原故呢？因爲他是本着佛讖應生於末世，奉着釋尊出世的“木懷的妙法”五字，就奮鬥一切的惡逆，忍受一切的迫害，到了兒，實行改革佛教和救護末世之大事的緣故。

可是，他最初説出的“日蓮主義”是給個人、國家和世界久遠的生命，又給政治、經濟、道德宗教和以外一切的文化，最深遠的根底的主義。没有久遠生命的個人、國家和世界，都是夢幻的和刹那的；又没有最深遠根深蒂固的政治、經濟、教育和宗教等，都是假空的和沙上樓閣的。杖着以“諸法圓融”“物心一如”“開顯統一”“即身成佛”和“娑婆即寂光”爲宗旨的《法華經》的“日蓮主義”，是確然給在世上的一切東西活動力，就使他們自身發揮本有的妙用了。所以“日蓮主義”是正要救濟現代及未來世界的最高尚的主義。

這麼着，由我們亞細亞民族裏頭生出這樣偉大的主義和人格來的事，這是對全世界很大的榮耀，又是很大的歡喜。現在在世道頹廢、人心荒亂的時候，把聖日蓮和他的主義介紹到世界的事，是最大的急務，并且我相信這事最有意義。這就是我不顧自己的淺學菲才，特意編譯這本書的原故。

編 譯 者

凡　例

一、本書的傳記篇，是翻譯東京立正大學前教授田邊善知先生的著述。在卷末的傳記圖解和教義體系圖解，也是靠着那個著述。

二、本書的目的是把我們亞細亞民族生出來的大偉人聖日連的人格和他的主義介紹給我們親愛的中國人。

三、本書的傳記篇，是因爲原著者田邊先生，專門根據史實寫出來的，所以一點也没有假說和敷衍的地方。可是翻譯者是淺學不文，不能翻譯出原書的真意來，這很是遺憾。

四、本書的教義篇，是因爲很簡單，所以我打算後來再翻譯出教義專篇來，就請諸賢的批評。

五、本書是因爲原來我打算供一般人的賢覽，所以在佛語、聖日蓮遺文以及人名、地名等覺着難解的字句，是一個一個地注釋了。

六、本書視引用的遺文，是全都靠着縮刷日蓮聖人遺文録（本文裏的“年月日”都是按着陰曆的）。

七、翻譯在本書裏引用的遺文是最困難的事，所以大概有譯錯的可能。這是實實在在在的罪孽深重！對佛陀和聖祖，伏而謝罪。

八、本書因爲譯文很拙劣，而且譯者回國的期限逼近，所以不能十分校正。這衹有等再版的時候，再打算修訂。

九、在編譯本書的時候，有杜佑卿和趙仲芳雨位先生幫助我。

在此感謝他們。

十、本書出版的時候，有中野江漢、枚野源一和梶本幸之助夫婦諸位先生，或者用力，或者用財資助我完成這件事。感謝不盡。

編 譯 者

目　録

教義簡篇/215

傳　記　篇

第一章　預備時代

一、《法華經》和日蓮聖人

聖日蓮的一生，從各個方面都可以看出：就是從佛教教理史上看，或者從一般文化史上看，都是很有興味的。可是現在没有工夫說這些個，所以就叙述關於聖日蓮的最要緊的事迹。可是聖人的一生，就是宗教的象徵化，并且是信仰的具體化。所以在聖人的一生中，他的傳記和宗教的關係是不可分離的。這個地方是跟别的宗教家，或是偉人的傳記不一樣的地方，所以僅講他表面的事迹，也得帶着很深遠的教義和很富有人情味的信仰。從富有各樣變化的事迹裏，可以看出有一道的脉絡和無盡藏的信仰來。我們覺得很有興味，所以就不知不覺地被聖人的人格感化了。

聖人自言名"法華經行者日蓮"，他就從事宣傳新宗教了。那就是聖人的生涯。若是《法華經》的實行化是聖人的一生，那麽《法華經》就是聖人的宗教，聖人就是《法華經》的宗教家。《法華經》是他的母親，聖人是她的兒子。聖人是能布道的人，《法華經》是他所弘布的法。這便成了母子一體，人法如一，就在亞細亞的東天放了一綫光輝，正要光被世界，這就是聖日蓮的宗教。

既然《法華經》生出聖日蓮來，要知道聖人，總得理解《法華經》。那麽《法華經》是甚麽經典呢？那不用說，《妙法蓮華經》就是佛教經典裏頭的一個經典。可是佛教是很浩瀚的，有《小乘》，也有《大乘》。有一時的“假說”，也有永久的“實說”。《法華經》在那裏頭，占據著什麼位置呢？這得靠《法華經》自己所證明的，佛教的中心生命是《法華經》。佛教分爲三種，就是已經說過的過去的佛教，如今說着的現在的佛教，以及未來應當還要說的佛教。在那裏頭佛陀自己定規了：“《法華經》是第一。”這就是聖人待看的《法華經》，所以《法華經》以外的佛教，不論《小乘》或者《大乘》，“假說”還是“實說”，若不是已說的佛教，就是應當說的佛教；若不然就是今說的佛教。這樣的佛教，按照“《法華經》是第一”的見地來看的時候，全都不過是第二甚至以下的佛教。這叫做“三說（已說、今說及當說）超過的《法華經》”。

聖日蓮已經精通第一的經典，而且確實對第一《法華經》有所把握了。他就想起來，“一閻浮提（世界）第一的日蓮”，“日本國第一的日蓮”的自覺，就開始很堅固的宗教生活了。所謂“法華經行者日蓮”，是仰仗着這麼樣的關係生出來的。

還有一個理由：那就是“本化（久遠本佛釋尊的本來弟子本化上行菩薩）的自覺”。大概從釋迦時代到後來時代，慢慢兒的人智發達，接近文化的區域，可是反倒靠著生存競爭的結果，道德觀念和宗教思想越來越發惡化了。《法華經》就是爲救濟這樣時代的目的說出來的，而且佛陀在這《法華經》裏選擇在這個時代擔當救世任務的人了。這個時代在《妙法蓮華經》裏叫做“末法（釋尊入滅後分爲三個時代：第一，正法千年；第二，像法千年；第三，末法萬年。現在就是末法時代）惡世”，又叫那個人是“本化上行菩薩”。聖日蓮在這樣的時代，不是擔負了這樣的大任務麼？在日本國東方的一個海岸，住著一家打魚的，聖人就是在那裏出生的。所以他是一個没有價值的凡人，可是在他的身體上，擔負了大任務。所以他不是教主釋尊的佛使麼？若是精通第一《妙法蓮華經》的聖日蓮，不擔任佛使“上行的轉生”，又有誰擔任呢？在《法華經》裏説：

> 忍耐政治家、學者們、宗教家等所加來的罵詈、讒謗、逐走和謫戮的迫害，守着苦節，志操堅固，意思剛健，而且“不惜生命”的人，纔能爲“《法華經》的行者”。這樣的人，讒可以説是末世的佛使“上行菩薩的轉生”。
>
> ……究竟天弃我罷！我更遭好些難，那是不碍事的，我要賭身命……
>
> ——《開目鈔》，八一六

聖日蓮决定這樣的覺悟，就在鎌倉時代絶叫佛教界的改革，起到了諫諍國家的運動，而且照著《法華經》教理，立了救濟世界的宏願。那就是把握了“第一的《法華經》”，并且自覺“本化上行的轉生”的日蓮聖人。

原说來《法華經》是佛陀在印度説出來，以後經過中國，傳到日本的，就是所説的東漸佛教。若是數最有名的傳教家，在印度有籠樹和寂天，在中國有法雲和天台，在日本有聖德太子和傳教大師。所以《法華經》是佛教徒共有的，而不是日蓮獨占的。這種思想是在中世和近世的日本佛教徒共通的觀察。可是除了聖日蓮如佛説，念“《法華經》第一”的經文，而且實行的，所謂“如説修行”的人，還有麼？他們也許念過《法華經》的經文，而且照著經文講演過道義罷。可是不能説像聖日蓮得著《法華經》的精神，就宗教化、信仰化、具體化，而且人格化。若是考究佛教的東漸史和他們的著作，他們對於《法華經》，竟看經文經義的外表，而且是對少數的智識階級，纔講演，又寫了這個。在當時按着宗教的《法華經》，不是在思想界裏所弘布的，又不是靠著指導感化的實事，叫人們碰著《法華經》的精神。何況是立足於"本化上行的自覺"，守着"不惜身命"的苦節，完全了佛使的使命的事呢？他們講演"三說超過的《法華經》"了。可是對《法華經》能奉獻純粹的信仰麼？他們念過了，佛陀所說的"本化上行的使命"的《法華經》，可是他們怕那責任不輕不怕，那是不明白的；可是没有自己立足於"本化上行的自覺"，就"遭好些法難，我要賭身命"的雄雄的態度，這是實事了。

因爲這個可以知道聖人的自負，是實質使然的，而不是誇耀的濫言。所以他說：

……我日蓮是閻浮第一的法華經行者……

……就是我日蓮一個人奉念了"我不愛身命，但惜無上道"的經文。所以我日蓮是日本第一的法華經行者……

……我日蓮超過傳教天台，而且也優越於龍樹、迦葉……

……我日蓮是三界的主和一切衆生的父母——釋迦如來的佛使。就是上行菩薩……

這些個話，都是聖人自己說的。因爲這些個話，可以想像自任"法華經行者"的聖人，他的風彩是怎樣呢？

有人說："像日蓮似的自畫自讚的，不損傷德望麼？"這樣的消極的道德觀念和宗教思想，在現代也有。可是聖人關於自讚，算是自問自答了。

……問說：自讚因爲甚麼？答說：因爲喜歡的了不得的緣故，所以不能忍耐，就自讚了……

聖日蓮的歡喜生活，是發露於真情的，一點兒也没有虛飾。把握了《法華經》的精髓，并且得到了上行自覺的聖人的法悦，不是可以藏在自己一個人的心裏似的那麼清淡的。满心裏的歡喜，就這樣蕩漾到外邊來，衝口就起了“大慈折伏的化導”，自稱是“閻浮第一的日蓮”了，這就是他的自讚。像聖人仗著宗教的歡喜生活的餘波，成了自讚生活，纔可以嚐宗教生活的妙味啦。因爲假裝謙讓，而且誇賞退嬰似的那麼消極的道德，和宗教成了習慣的人們，不能像聖人被法悦的生活所包容，就過有意義的尊貴的人間生活罷。

二、日蓮聖人和日本佛教

1 飛鳥朝時代的佛教

在第一節已經説過，《法華經》和聖日蓮的關係。所以在本節，就按著聖日蓮和日本佛教的關係説一説。日本佛教分爲四個時代：就是飛鳥朝時代、奈良朝時代、平安朝時代和鎌倉時代。佛教是離着現在，大概一千四百年以前，從朝鮮傳到日本的。當時注意這個新傳來的佛教是誰呢？那就是所謂在飛鳥朝時代的佛教代表——聖德太子。在當時文化還不開通，没有統一國民精神。這麼着，太子要打算興起國民的精神和提高日本的文化。可是因爲要實現這樣的理想，總得借助文教的力量。

太子私下想新傳來的佛教，正能够應這樣的要求。這麼着，太子仗著佛教，把這理想變成了一個具體提案。那就是“十七憲法”。在第一條說：

篤敬三寶，三寶者佛法僧也。則四生之終歸，萬國之極宗。何世何人，非貴是法。人鮮尤惡，能教從之。其不歸三寶，何以直枉。

這是明明地說仗著佛教的意思。這麽着，太子建設佛教的道場，就是在難波（現在的大阪）建了四天王寺，在大和（奈良縣）建了法隆寺，而且打發人上中國去，請中國大和尚來了。這樣在已經傳來的朝鮮佛教以外，更迎接了中國佛教，而且很努力地隆興佛教了。又在推古天皇御前講演佛經的時候，講過《法華經》和《勝鬘經》，可是特意用心講讃《法華經》了。那個時候，天皇聽了這講經，就很喜歡就賜了太子價值五十萬塊錢的土地。後來太子自己作《法華經》《勝鬘經》和《維摩經》的三經注疏。可是他却很注重《法華經》，因爲什麽呢？因爲這是太子信像在《法華義疏》裏說：“廣明萬善同歸之理，使得莫二之大果”似的，“三乘”“五乘”“七方便”及“九法界”的人們，隨便所修的萬善萬德，都是被一佛乘的因果歸納統一的；這樣《法華經》教理是爲實現他所懷的理想，很有益處的緣故。若是太子親自可以實現他的理想，大概是限度在“篤敬三寶”裏頭，“法寶”是《法華經》，“佛寶”是釋迦牟尼佛，“僧寶”是宣傳《法華經》和釋尊精神的人們罷。可惜啊！太子御年四十九歲的時候，大業還没成功，就因病薨去了。

在飛鳥朝時代初期的佛教，仗著太子結了日本國的王道和佛道，應該冥合的大緣。這是爲後來在平安朝時代生出來傳教大師，跟在鎌倉時代生出來日蓮聖人的遠因了。這譬如像太子種了《法華經》的種子，傳教大師開了《法華經》的花兒，日蓮聖人收了《法華經》的果子似的。

II 奈良朝時代的佛教

奈良朝時代的佛教，在初期仗著聖德太子的努力，而且跟著大化的新政，到了降興的機運了。在天武天皇的時代，把勒令頒在各地方，叫每家造佛壇，安置經典和佛像。元明天皇遷都奈良之後，越發把歸依三寶的精神點亮起來，營造七大寺，把佛像雕刻或是畫了。和尚們講演經論，以文筆任王公貴族的老師。所以佛教幫助文藝發達的功績，實在是很大了。

然而這個時代的佛教，大概是對講習的研究和學問佛教。就是被貴族，或是知識階級的上流社會尊敬，就跟一般國民的關係，很薄弱了。又在一面是營造寺塔，雕刻佛像，或是畫佛像甚麼的形而下的發達。把聖德太子要用《法華經》教理，統一國民思想的方面，他們反倒不注意了。所以和尚們趨向學問理論，就是主張《俱舍論》的世界是“實有”，或是說《成實論》的世界是“實無”，或是拿著三論宗的“空理”來否定一切，或是主張法相宗的“萬有”，是“唯識”所變的，或足說華嚴宗的宇宙，得“事事無礙法界”，就彼此争論了。所以到了這兒，就變成了桀驁不遜和驕慢放肆難御的人了。這麼着，歸依佛教很深的聖武天皇，打算要從中國請德行高尚的鑑真大和尚來，拿戒律矯正和尚們桀傲不遜的態度。後來淳仁天皇繼承聖武天皇的遺志，在奈良的東大寺，下野的藥師寺，以及筑紫的觀音寺，這三個地方都建立了戒壇。這叫“天下的三戒壇”。仗著這個，天皇打算肅正風教，可是怎麼好呢？靠著俱舍、成實、法相、三論和華嚴等的佛教，跟習慣了自由豪放的和尚們，要趕快改變麻煩實行的戒律宗。那麽著，那戒律宗，就實在没有效果了。

這樣的奈良時代的佛教，就是所謂“南都的六宗”，是成了學問的佛教，就越發殷盛了。可是這是脱離了當初聖德太子所期望的王道和佛道，互相補助的精神，以及用《法華經》統一國民精神的軌道的發展。所以功罪相半，或是不能忍耐那弊害似的那麽就失敗了。

Ⅲ 平安朝時代的佛教

這個時代的佛教，是受了奈良朝時代弊害的刺戟，新起來的佛教。在奈良朝的佛教界裏，有好幾個碩學和高德的人，就是三論宗的道慧、智光和禮光。法相宗的行基和護命。華嚴宗的良辨。律宗的鑑真等等。而且朝廷歸依佛教很深，和保護佛教也很篤的了，所以佛教暫時很殷盛了。可是“物極弊生”，愛理論的和尚們，大概在實行上就陷於跳梁和放肆，到了這兒出了很壞的和尚，累及皇室了，像道鏡和尚似的。這樣的情形，按著國家的政治來看，或是照着佛教性質説的時候，應該在宗教上和政治上，都需要改革了。

這麽着，桓武天皇遷都平安（京都）去，并且傳教大師立了比叡山佛教。天皇和傳教大師立了暗約，或是公約，那是不明白的；可是兩兩相待，打算更新奈良朝時代的佛教和政治，到了這兒成立“延曆的太平”了。

傳教大師，看著在南都六宗的理論佛教和僧風的積弊，就私下決意了改革佛教。這麽着，他先在比叡山上蓋了一所草庵，來往奈良地方，他就很努力地研究佛教，特意攻究鑑真傳來天台的章疏，并把他的精神留在《法華經》了。在他二十二歲的時候，建立了延曆寺，并在這兒建立了天台法華宗的基礎。上長岡去拜龍顔，奏上奠都平安和鎮護王城的兩件事。那個時候，天皇和傳教大師，就暗約冥合王道和佛道了罷。

延曆十三年，實現遷都平安之後，天皇歸依傳教大師越發深了。大師在高尾神護寺的法華會之後，奉命上中國去(傳教大師——最澄，入唐是在德宗皇帝的貞元二十年)留學，在中國一年多，以後回國了。天皇就受了“法華圓頓戒”，同時在南都的和尚們，奉勅就受了“灌頂的儀禮”。這麼着，日本的佛教，大概就是在傳教大師的傘下統一似的了。

這時候，可惜啊！桓武天皇俄然崩去了！所以傳教大師理想的統一佛教事業，就頓挫了。在一方面弘法大師傳來的真言密教起來。弘法拿他的特長文墨的能耐，得了嵯峨天皇的歸依，私下幫助南都的舊佛教徒，使他們反抗傳教大師。所以到弘仁五年正月，在宮城裏頭，成了傳教大師對六宗的問答。結果，傳教大師堂堂的大勝了；可是天皇的歸依，反倒傾向於弘法大師了。這麼着，弘法大師慢慢兒的努力懷柔南都的和尚們。所以把傳教大師要統一日本佛教的理想，就變成了不能實現的情形。於是傳教大師，改變他的態度，撤廢從來所用的和平主義和攝受主義，立刻他着手他所懷有的統一日本佛教的方法，就是建立“法華圓頓戒壇”的預備。他打算先模仿鑑真的三戒壇，在全國建立六個基礎寶塔院，就慢慢兒的成功了。所以到弘仁九年，决意奏請允準他在比叡山延曆寺，建立“法華圓頓戒壇”了。

這麼着，自弘仁五年的宗論以來，在南都的大和尚們，很怨恨傳教大師，他們特意請法相宗的碩學筑波山的德一幫助。所以德一和尚，著了《佛性鈔》《中邊義鏡》等等的書，主張“一乘方便，三乘真實”的道理，屢次批駁“法華的一乘”，反抗傳教大師的天台法華宗的熱度，就高起來了。這麼着，傳教大師，以“法華折伏，破權門理”的態度，也努力地應戰，著了《依憑天台集》《照權實鏡》《決權實論》《愍諭辨惑章》和《法華去惑》等書駁斥他們的迷妄。在這樣論難詰抗，反目嫉視之間，奏請允許他建立戒壇了；所以南都六宗的和尚們，很努力地實行妨害的連動了。其中以東大寺的景深，著了《迷方示正論》，舉了二十八失。傳教大師因爲這個，著了《顯戒論》，駁了那個論甚麼的紛争了。而且天皇的歸依傾向於弘法大師，所以弘法的勢力很大，那個勢力也隱然加在南都和尚們頭上了，以傳教大師在世中，到了這兒没得建立戒壇的允許了。因爲這個，他要打算統一佛教鎮護國家的理想和志願，不能實現了。

弘仁十三年六月四日，就是佛教大師入寂之後的第八天，賜了建立戒壇的勑詔。這麼着，大師的高弟義真和尚建立了戒壇，可是有名無實，那規模是不能安慰傳教大師的聖靈了。從此以後，平安朝佛教，全都被弘法大師的真言密教所支配了，就連比叡山佛教也在慈覺和智證的時候，也已經變成真言密教了，所以貴族和僧徒也大概歸了弘法的勢力範圍去了。

原來弘法大師由中國傳入真言密教，可是傳教大師在世的時候，勉强著避衝突，守着隱忍，等著時機的到來；所以傳教大師一入寂，他就想：“奇貨可居”，趕快發表《十住心論》，嘲笑傳教大師的《法華經》，這就是“第三戲論”了。日蓮聖人批駁他的“第三戲論”説：

> 若是傳教大師在世的時候，這是一句話也不能説出來的事。

這話實在痛快極了。弘法太師不是像傳教大師那樣，打算統一日本佛教，而且幫助國政的。他是用真言秘教的法術，應用在冥福禱告，在上流要求皇室和貴族的歸依，在下流趁著國民的迷信，用神秘的咒術,巧妙的努力,收攬人心。那結果,揚名顯世,堅固了東寺和高野山的地盤,就成了真言一宗的開祖。這就是弘法的本懷了。據我看這也許是鑑於傳教太師的失敗的結果罷;可是另一方面可以説,因爲不明白佛教的本旨,有《妙法蓮華經》的緣故。

在平安朝時代的佛教,是新宗教的天台,和真言勃興了。可是在傳教、弘法兩位大師,入寂之後,就寂寞不振,崇貴族,恃武士,那就是和尚們的本事了。真言宗的僧侶,大抵出入於王公貴族之門,成了阿諛迎合的祈禱僧。大台宗的僧侶,大概走到武士的勢力之下,要作門閥,到了這兒現出僧兵來了。比叡山、三井、南都和高野,都是屢次有僧兵運動,也就妨碍國家的治安了。僧侶這樣墮落,貴族也是腐敗,世間竟是武人跋扈了。因爲藤原氏的專橫,和源平二氏的争鬥,很困苦了國民,看世態無常,成了要除去目前的不安似的了。又除去貴族佛教,祈禱佛教,僧兵佛教,就到了要求平民佛教、國民佛教和平和佛教的機運了。這正是應該現出鎌倉時代的新佛教來的緣故。

Ⅳ 鎌倉時代的佛教

源氏的頭領賴朝,在壇之浦的一戰,滅了驕慢的平氏以後,在鎌倉開設幕府(武人掌握國政時代的中央政治機關),王政就移到武士的手裏,現出政治上的一大變革來,在這兒成了源氏和北條氏的鎌倉時代。一面佛教界也是在這時候進入革新時期;平民佛教、自由佛教和平和佛教,替代了平安朝時代的貴族佛教、祈禱佛教和僧兵佛教,就勃興了。若是按著消極的平和主義新佛教説,就是法然和親鸞净土念佛宗。當時的人們看了藤原氏和源平二氏的盛衰,以及亂七八糟的世態,就傾向於厭世悲觀了。趁著這樣的人心,法然和親鸞等等，嫌了現實的世界和國家爲穢土，就勸説了在未來的阿彌陀佛的世界，是極樂净土；把往净土生的法子講説給大家聽，他説人人都要念講阿彌陀佛的名號，奞緣阿彌陀佛纔好哪。這樣是很簡易的主張，所以天下的人心，靡然歸依這個净土念佛宗了。這么樣没我的“他力主義”的念佛宗，成了在鎌倉時代新宗教的先驅了。

可是武士一派，打算拿自己的實力，在現實界獲得權勢；所以源氏和北條氏等，不能滿足於厭世主義，和“他力主義”的净土念佛宗。這麽着，榮西和道元傳來的個性自由主義的禪宗，起來了。在他們的宗教説：

> 釋迦是甚麽人呢？我是甚麽人呢？這麽想起來的時候，在我的身體裏有佛性，若是開覺這個佛性的時候，我就是天下地上唯我獨尊的人，就鼓吹坐禪，爲“見性成佛”的方法。

又榮西趁著武士階級的要求説：

> 興立禪宗，就是擁護國家的緣故，并且著録《興禪護國論》。

其結果，在京都建立了建仁寺，在鎌倉營造建長寺和圓覺寺等五個寺。禪宗這樣收納了鎌倉幕府的歸依。

已經説過，新佛教的念佛宗和禪宗，另外還要注意的是律宗的再興。在奈良朝時代的律宗，在平安朝時代的新佛教，勃興的時候，就衰微了。可是靠著在平安朝末期僧徒的腐敗、墮落的反動，覺盛和睿尊兩僧在奈良，俊仍和净業兩僧在京都，睿尊的徒弟良觀在鎌倉，各各計劃再興律宗和振肅僧風，一時拿非常的勢力，得了上下的歸依了。

這三宗以外，還有一個很可注意的佛教。那就是在平安朝時代勃興的真言宗的餘勢，依然在佛教界裏唱霸。真言密教裏有兩派，一個是弘法大師所弘布的"東密"，一個是慈覺和智證兩大師傳來的"台密"。前者把道場設立在高野山，後者則以比叡山爲根據地。這兩派相合成，一面按着祈禱佛教，受了王公貴族的歸依，一面排斥釋迦佛，立了大日佛，卑弊釋迦佛所説的佛教是"顯教"，尊崇大日佛所説的佛教是"密教"，拿地、水、火、風、空、識的六大原素，定了大日佛的本體。拿大曼荼羅、三摩耶曼荼羅、法曼荼羅和羯摩曼荼羅的四種，爲十界萬法的相貌。拿身密的印契，口密的真言，以及意密的觀相，立了行者的作用，管這些個叫大日佛的體、相、用，講論理具、加持、顯德的即身成佛的地方，比鎌倉的新佛教看著很高尚了。

在鎌倉時代的佛教裏，有法然的新念佛宗，榮西和道元的新禪宗。在奈良京都和鎌倉復興的律宗，以及高野和比叡山的舊真言密教。這四宗各各有所據的地方，就支配了日本佛教界了。

可是照著日本佛教史的發達，又按着純粹佛教教理上看的時候，很有不能滿足的地方。當日本佛教從外傳來的時候，聖德太子已經要善導國民思想，采用《妙法蓮華經》，種了日本佛教的種子了。平安朝時代的傳教大師，因爲鑑於奈良朝佛教的傍系的發達，很有弊病，所以新開創天台法華宗，就如法華的花兒開了；可是以後的佛教，在平安朝時代和鎌倉時代，都是不順著歷史正系的發達了；又這是出了日本佛教的軌道的運動。

試看法然所立的念佛宗罷！憧憬阿彌陀佛，欣求西方極樂净土的結果，對現實界的國家、世界和人生，不是根本的鼓吹、厭世思想麼？這怎麼，有幫助國家和社會的發達，并且有善導國民思想的資格呢？

再看榮西和道元的禪宗，又是如何呢？像說“釋迦是甚麼人？我是甚麼人”似的，個人主義、自尊主義的禪宗，爲迎合那掌握政權、擅操權勢的鎌倉武士們，是正合式的罷。可是在日本國，不是有很危險的宗教麼？

又看弘法大師的東密，和慈覺大師的台密，相合成的真言宗，又會是怎樣呢？在一佛世界裏，没有兩位佛陀，這是佛教道德的根本規定。可是真言宗，在釋迦一佛的娑婆世界裏，反倒在釋迦佛以外，立了大日佛，把佛陀的主權，收歸大日佛了。這是打算破壞佛教界秩序和安寧的宗教。

繼續看以奈良京都和鎌倉，爲根據地復興的律宗，又是怎樣呢？原來律宗，是小乘佛教的遺物，不過是禁欲主義和消極主義的制规。拿他作爲個人的修養法，稍有一點効果，可是按着普渡衆生上看起來，他的力量是很小了。若是照著大乘佛教的宗旨說，這個小乘的戒律不要受持，只管勉勸菩薩的慈悲行，就是持戒了。日本佛教從傳來之始就是大乘，已經隆興大乘佛教之後，要宜布繁瑣的小乘戒；就恰巧像施行自由制度之後，要强行專制制度一樣似的。由起初的預想失敗。在奈良朝時代連鑑真大德，受了聖武天皇的歸依，建設所謂“天下的三戒壇”，那樣子的興盛，也失敗了。這是因爲缺乏日本國是大乘國的明識的緣故。律宗是在平安朝時代，受了傳教大師的破折，就廢滅了。可是他們不回顧這樣的歷史，打算復興律宗，又拿不必要的“如法形”，爲資的東西，就要蒐集上下的資財。這不就是穿著佛衣的游民行爲麼？

這麼看起來，念佛宗、禪宗、真言宗和律宗以外，仗著日本佛教正系的聖德太子和傳教大師的《法華經》主義，掀起改革佛教的運動，救濟國家和人類的英雄，也應該現出來了。

應著這樣的要求，靠着日本佛教最後的大成家的地位，開創新佛教的，就是日蓮聖人。他的宗教，是在這個新時代，應著了這樣的要求，所開出的新宗教；所以宣揚《法華經》第一主義，一面絶叫打倒錯誤時代的已成宗教，以資助佛教的改革，又一面唱道“辽正安國”，起到了諫諍國家的大運動。因爲這個，他把富有多難和變化的歷史，留在後世了。若是有血氣的人，在念聖日蓮的傳記和遺文的時候，不能不佩服他那高尚的人格和深遠的教義罷。

三、降　誕

聖日蓮的降誕，是在第八十五代，後堀河天皇，貞應元年二月十六日（請參考附録年表）。那個時候，是尼將軍政子（北條時政的姑娘，是源頼朝的夫人）的兒子實朝故去之後，政子在鎌倉，跟他的兄弟北條義時，協力執行政權的時候了。日蓮聖人降誕的前一年，就是起了很有名的“承久之亂”那年了。那年就是北條氏滅了源氏，并且壓迫朝廷確立他的實權的時候；换言之，就是政權由貴族手裏，全都移到武士手裏的時候了。平氏把握政權的時候，他們原來是武人，可是被藤原氏華美的生活所感化，貴族的色彩仍是很濃了。以後到了源氏的時代，頼朝是質素，并且著實的；可是到了第三代將軍實朝，已經帶著貴公子的色彩了。把公卿的氣派和王朝的色彩，全都除去的，是暗殺實朝，和流遷後鳥羽太上皇等的時候了。在這兒，政權被平民的武人北條氏所握了。在那年，我們的日蓮聖人，在東海岸一個打魚人的家裏，生出來了。後來他親自說：

“我是純粹平民的兒子”,就宣傳平民宗教了。

在日本國，平民的宗教，可以說是日蓮聖人第一個宣布出來的。他以前的宗教，都是帶著官僚的色彩，而且是門閥的氣派很充實的宗教。在奈良繁榮的法相、三論和華嚴甚麼的，所謂南都的六宗，都是朝廷的佛教，又都是貴族的佛教了：就是官僚的，門閥的佛教了。在平安朝隆盛的天台和真言兩宗，也是貴族的佛教了。到了源平時代興起來的净土念佛宗，其教義是平民的，可是那傳教的法然和親鸞等的净土門流的僧侶，大概是在公卿的邸宅裏發生出來的。所以在日本國初次平民的兒子，成了大宗教家，就是我們的日蓮聖人。聖人在日本的國政的實權，移到平民武人手裏的那一年，降誕的事，是很有趣兒的，而且有很可注意的事，那麼聖日蓮是在哪兒降誕的呢？關於這個他自己說：

>……我日蓮是在東海道十五州裏頭，第二的房州長狹郡東條鄉，僻村海岸的一個打魚人家的兒子……
>
>——《本尊問答鈔》,一八〇二

現在，在房州的小湊有“誕生寺”,就是傳那個故事的。

有人說：

>聖人的父親叫貫名重忠，母親叫梅菊女。他父親是以前遠州貫名鄉的領主，可是因爲一個事故(也是平氏的餘黨，所以源氏忌恨他了),被革職流在房州，就成了打魚的了。

據這麼看起來，聖人的家裏不是輩輩的漁夫，而是當時的中等階級，并且是知識階級的武士了。可是探究他的階級如何，是不必要的。聖人親自不是明明的說過麼?

我是在海邊的一個旃陀羅的兒子……

——《與清澄知友書》，七一〇

我是在僻邑海岸，一個平民的兒子……

——《善無畏三藏鈔》，六四〇

“旃陀羅”是印度話，這是在印度最下等種族的名稱。這種族大概是以屠殺動物爲職業的。漁夫和旃陀羅都是殺動物的職業，所以那樣說的罷。

照著這遺文，聖人拿他是平民的兒子和漁夫的兒子的事，反倒自負了。這是我們要留神的事了。像濫自負家系的尊貴似的，那是在平安朝時代，眼界挾小的貴族們的事，就是拿自己的力量，要立足於社會，可是没有那麽的勇氣和體力的人們做的事；又是負門閥的威風，或是借官僚的勢力要獲得自己地位卑怯的人做的事。我們的日蓮聖人不是那麽樣的。他極力拿自己的力量和社會、國家争鬥了。他單身敢進到鎌倉去，站在“小町”的十字路口絶叫：

打破權教已成的佛教，和建立實教法華的佛教……

他又批評執權北條氏説：

你是個很小海島的主。

在聖人的眼睛裏從没有門閥，或是官僚那樣的東西了，竟是有自己的信仰。所以在很尊敬門閥的時代，自己還說“日蓮是平民的兒子”了。探尋他的家系和門閥，是反背聖人的精神。所以現在著者說：

聖人是東海岸的漁夫的兒子。

這是光輝聖日蓮和他的宗教的緣故。被平民的兒子所宣布的宗教，覺著有無限的尊貴。

聖人生出來的時代，是平民的時代，家庭也是平民的家庭；可是養育聖人的自然界，和他的幼時所處的環境是怎麼樣了呢？可以上房州裏小凑的濱土去看看，在前邊兒有洋洋無限的太平洋，又有圍著太平洋海水的海港。在那海港的海邊有一個小漁村，那後邊兒接連著山坡兒，這就是小凑。聖人就是在那裏生出來的，并且長大了的。無涯的大洋，和無限的青天，而且水平綫上的太陽，這都是他幼年時代的環境了。我想這幼時的環境，一定是關於他一生的性格和事業，有著至大的影響，那是小用說的。

據人傳說：

聖人誕生的時候，現出有各種的奇瑞來。就是他母親梅菊女懷孕的時候，太陽落到地的懷裏去了；又是在他誕生的時候，在薺花開的院子裏，清水迸出來了；又那個時候，在還冷的春天海邊上的蓮花開了花了。

第一的奇瑞，是聖人的小名兒，就是善日麿的緣故。第二個奇瑞是在小湊誕生寺裏頭，有“誕生水井”。第三個奇瑞，也是在小湊有“蓮華淵”。

古來傳説偉人誕生的時候，都有各種的奇瑞：就如猶太的野地生出來的基督，在印度恒河邊生出來的釋迦，在黄河沿岸生出來的孔夫子……他們降誕的時候，也都有奇瑞。那不用説，像摇動全世界似的大聖者現出來的時候，自然界對那個表示讚美的意思，不是没有的事罷。可是我不知道聖日蓮降誕的時候，自然界做了甚麼讚美詠嘆了。竟把在傳説裏有的那樣的事寫了。

可是我想聖人的幼年時代，是被抱擁温和的家庭，跟光輝自然界裏的摇籃。裏邊兒有慈愛之父母，外邊兒有廣大的海洋和光輝的太陽，聖人後來在身延山生活的時候，看見從他的故鄉送來的海苔，流了許多懷鄉的泪水，就寫了一封信。看到那封信也可以想像他的幼年時代的情形了。如下：

……你送給我一包海苔了，又大尼姑也送給我海苔，我都領納了。多謝！多謝……

……上山上去一看，我當是裙帶菜生出來了呢？可是在那兒没有裙帶菜，竟是蕨菜排立了。又下山澗去一找，我當是海苔生出來了呢？可是找看錯了，竟是芹菜很盛的躺着了。我忘了故鄉有好些日子了，可是現在看見這個海苔，就想起來了，我心裏很難受，還很傷心。這是以前我幼年的時候，在僻邑的市川，小湊的海邊，所看過的海苔。那顔色、形狀，還有味兒都不變，可是我的父母怎麽變了（故去的意思）呢！

……因爲違背方向，就很悔恨了，所以就不住地流泪……

——與新尼之回信，一〇八八

在寂寞的山中僧院裏，看著有海邊的香味的海苔，就追想幼年時代的聖者之心，恰巧成一首詩了。

四、出　家

善日麿到十二歲的生活是怎樣了呢？在史乘裏不詳。他十二歲的夏天，就是天福元年五月，他父親帶著他上小湊北邊兒清澄山上的清澄寺去了。這個廟，原來是慈覺大師派的台密的道場。當時這個廟的住持，是道善和尚。這麽着，善日麿成了這位和尚的一個徒弟，改名藥王麿，就修行台密和念佛了。我從前巡拜在房總地方的靈迹的時候，上清澄山去過。那個時候，因爲正是秋天長紅葉的時候的緣故，所以更覺得很爽快了。那時候，在山腰一棵大樹的底下，看見一塊大石頭。有人説：

> 這塊石頭是善日麿入山之後，他母親梅菊女，瞧她兒子來一看，就見自己的兒子，很可愛的稚兒的樣子。這麽着，她不知不覺的流了泪的故迹。

所以人們管這塊石頭叫“涕泪石”。在偉大聖者的幼年時代，有這樣的插話，不是很有興味麽？

日蓮聖人出家的動機，那就不明白了；可是把孩子入寺爲稚兒的事，若是按着當時的習慣來説，不但是有當和尚的目的，并且有受普通教育的目的。所以也有由稚兒當和尚的人，可是聖人由稚兒當了和尚的理由，又是甚麽呢？那就不明白了。

可是他在四年工夫約稚兒生活之後，就到了十六歲的那年了。

就是在嘉禎三年十月八日，受戒得度，成了圓頂黑衣的人，改名是“生房連長”了。他出家得度之後，很盼望成爲日本第一的智者，就讀破一切的經論，并且批評諸宗的得失，恰巧在清澄山頂，供着虛空藏菩薩。這麼着，他參居在那虛空藏堂裏，就祈願說：“請授我智慧。”關於這個事情，他在《善無畏三藏鈔》裏寫道：

……我日蓮是在房州東條鄉的清澄山住的人，在幼年時代，立了一個祈願，并對虛空藏菩薩說：“請命我爲日本第一的智者！”那個時候，在我的眼前虛空藏菩薩現出來高僧的樣子，就賜給我像明星一样的智慧寶珠了。大概是因爲這靈驗的緣故罷？在日本國的八宗，跟禪宗、念佛宗等的大綱，我已經都明白了……

——六四八

在這遺交裏，我們得留神的，就是“日本第一的智者”的抱負。聖人在他的幼時已經盼望成爲日本第一智者的事；可是以後，他按着閻浮提第一的日蓮，發表統一世界佛教的主張了。在幼時的“成日本第一智者”的祈願，到了成年之後，進到世界第一了。我們可以看出，在聖人的幼時，由“請命我爲日木第一智者”的禱告的話，已然發露出偉大的人格。現在在清澄山上，還有一個虛空藏菩薩堂。那就是聖人屢次參居，所禱告的廟，在這廟的前邊，有“凡血之笹”。有人說：

這是藥王麿滿願的早晨，要回清澄寺的時候，突然躺下，就地吐血的舊迹。

我上那兒去的時候，覺得把他少年時代的努力和抱負，像現在在眼前看見一樣似的。可是在聖人幼時的這樣祈願，并不是幼稚的名譽心，而是由真摯的求道心現出來的：就是要探究真理和獲得信仰的心。在當時的宗教界和思想界，是很亂七八糟的了。已經像在前頭裏所說的，平安朝時代的舊佛教天台、真言的修行，跟新起來净土念佛宗的信仰等，各各像蘭菊的爭香了。所以哪一宗是真佛教呢？又哪一宗是相應佛陀的本懷呢？髣髴是不能分別。若是在這樣的時代，打算要思想的生活的人，一定不能不煩悶的。因爲這樣思想的煩悶和宗教的懊惱，就成了日本第一智者的祈願，又成了游學各地的事。後來聖人寫了當時的心境，如下：

……從平民的家裏生出來，就剃了頭，在身上掛了袈裟，這次我要打算何以種佛種子，成離開生死的身子。可是念稱阿彌陀佛，都是人們所祈願的事，所以奉憑阿彌陀佛，從幼時念稱名號；可是因爲有點兒緣故，就疑惑這個事了，所以立了一個祈願，就要打算學所傳到日本國的佛經，并且菩薩的論和人師的釋。又聽説有叫俱舍宗、成實宗、律宗、法相宗、三論宗、華嚴宗、真言宗以及法華天台宗的好些個宗派，而且又有叫做禪宗和净土宗了。這些個宗的枝葉，雖然不詳細的去研究，可是究竟打算成明白要緊的地方的人。所以上各處研究佛學，很去了些地方，從十二歲、十六歲，到三十二歲，二十多年的工夫。在鎌倉、京都等各處，比叡山、園城寺、高野和天王寺等各寺裏，粗粗的游學……

——與妙法尼回信，一七七〇

這樣"請命我爲日本第一智者"的最初的一念，後來就生出日蓮聖人來了。

五、游　學

像以上所説的，我們日蓮聖人出家之後，年月不久，便陷於强烈的宗教懷疑了。這麼着，他打算解决這疑問，於是祈願虛空藏菩薩，就得了智慧了，這樣得了靈感的聖人，爲探究當時的宗教界和思想界，立了一個游學各地方的志望，就起身了。可是動身的年月不詳，大概是在受戒之後，一兩年之内罷。這一個青年求道家，得了他的老師傅——道善和尚的許可，并且辭了他父母，就離開了回想很多的故鄉的地方，就是清澄山的樹林子和小湊的海邊等，向當時的首都鎌倉起身了。在鎌倉游學，大概是三四年罷。在那個時候，他學的是哪宗，不詳。可是大概學的是在當時的新宗教——念佛宗和禪宗罷。

這麼着，留學三四年之後，到了仁治三年，打鎌倉回到故鄉清澄山來了。這次他打算在當時的佛教綜合大學的比叡山留學了。在當時，青年僧徒都是盼望留學比叡山。實在比叡山是在當時的思想界和宗教界的一大權威。當時的高僧，大概都是在比叡山所學的人。我們的日蓮聖人也在二十一歲的時候，再次離開了很懷念的故鄉，向江州的比叡山起身了。從此以後，聖人在比叡山留學十一年多，其間就埋頭研究佛學了。有人説：

> 他初次住的廟，是在東塔（比叡山分爲三個地方，也就是東塔、西塔和横川）的“圓頓坊”，以後移住在横川“定光院”了。

因爲他十一年留學比叡山的事，就立了他一生的學問的根基和信仰的基礎了。他在這兒，大概是解決了在清澄山所起的教學的疑問和信仰的煩悶，而且成立新佛教的基礎了。

原來比叡山延曆寺，是在恒武天皇的時代，傳教大師草創的。大師從中國傳來四個佛教，就是天台法華宗、真言密教、禪宗和律宗。在那裏頭，大師以《法華經》爲中心，以外的三宗作爲《法華經》的輔助，就宣傳佛教了。這就是新宗教的天台法華宗。大師以《法華經》爲中心，是甚麼緣故呢？那是因爲他信仰在佛陀一切經典裏，以《法華經》有最高價值的緣故。那麼，《法華經》又是因爲甚麼最好呢？我想，那是在念這本書的時候，讀者自然就明白了；所以現在先不用說這個事。聖人注意這樣的《法華經》，可是在當時的比叡山，却廢除了大師最重要看的《法華經》，反倒重視真言密教、禪宗和稱名念佛了。現在略說，這樣教學分裂的歷史，如下：

> 像剛纔說的傳教大師，正依《法華經》，傍依密教等，就立了天台法華宗了。可是大師入滅之後，弘法大師（空海），按着真言密教開創一宗，對抗比叡山了；拿京都的東寺和紀州的高野山爲根據地，就伸張教勢了。

原來傳教大師的宗教，是雄大而且深遠的；可是弘法大師的宗教，是富有儀禮和修法很華麗的。這個地方，跟當時奢侈的風尚很合宜，就受到大衆歡迎了。所以傳教大師人滅之後，差不多是弘法大師一個人獨演似的了。這麼着，比叡山第三的座主慈覺大師（圓仁），打算對抗弘法大師的密教，從中國回來（當時是唐朝宣宗皇帝，大中元年），他用了比弘法大師所傳的密教還新的密教，就改變比叡山的佛教了。可是他拘泥對抗弘法大師的事，就失去了開祖傳教大師的本意；就是拿《法華經》爲中心的宗教，變成以真言密教爲中心的宗教了。他想《法華經》比真言密教稍差，就把《法華經》擱在第二位了。這是因爲弘法大師說"《法華經》是第三戲論"，所以他把《法華經》提高擱在第二。可是失去了第一《法華經》的本意，還是變成密教的地方，跟弘法大師一樣了。這不過是對弘法的密教（東密），把比叡山的密教，說成是台密。日蓮聖人指示慈覺大師，攪亂了比叡山正統佛教的事，就主張還到傳教大師的古時了。其次，在比叡山叫五大院安然的高僧現出來，以禪宗比法華宗爲高尚，就把禪宗擱在第一位，法華宗擱在第二位了。再次，慧心僧都（僧侶的職位）現出來，主張排斥從來的替慧觀念的修行，竟夤緣西方彌陀本願的事，就是救濟的方法了。比叡山的學風是如此，所以開祖傳教大師的面影，一點兒也没有了。

聖日蓮打算尋究在釋尊一代的佛經裏頭，哪個是真實的佛經；哪個是真實的宗派，又用哪個佛經救濟自己，并乩濟度衆生，就留學比叡山了。這麽着，他研究佛學好幾年之後，到了論斷真實的佛經，是《妙法蓮華經》；而真實的宗，就是天台法華宗了。

聖人不但是在比叡山研究天台學，又上奈良去研究南都的六宗，就是俱舍、成實、法相、三論、華嚴和律宗的佛學，更上高野山去學習真言密教了。最後回到京都來，研究神道（日本古有的宗教），并且作和歌（日本古有的詩）的法子。

這樣聖人，在比叡山留學期間，確立了有《法華經》統一一切的佛經，并且有"久遠的釋尊（被《法華經・壽量品》所開顯的本佛）"，統一一切佛陀的必然性質；唯有這佛經和這佛陀是真實，又唯有這個佛經和這位佛陀，是救濟我們的信念了。後來他寫這道這個心狀說：

……如是我想了。這麼着，不跟着父母和老師傅們研究佛法了。可是可以明白一代聖教的明鏡有十個。所説的俱舍、成實、律宗、法相、三論、真言、華嚴、净土、禪宗和天台法華宗就是這個……可是十宗（南都十宗和平安二宗，加上禪宗、净土宗，總共爲十宗）、七宗（在南都六宗裏，俱舍是法相的附宗，又成實是三論的附宗，所以各各合在一塊成二宗，以律宗、華嚴、净土宗、禪宗、天台宗，加上這二宗，總共成七宗）都各各争擾，不肯跟著別宗。這是譬如在國内有七個，或是十個大王，所以萬民不静謐似的。我想怎麼辦好呢？就疑惑了。那個時候，成立了一個祈願："我不隨八宗（七宗加上真言密教，就成了八宗）、十宗，我像天台大師，專以經文爲老師，考察一代佛教的優劣……

——《報恩鈔》，一四五二

聖人仗着十年研學的功績，冰解懷疑，就生出確信來了。這麼着，他要回故鄉房州去，發表自己所信仰的宗教，打很追懷的比叡山，就動身了。那是建長五年仲春的時候兒了。

"預備時代"已經過去了，正入到"活動時代"。預演完了就上本舞台去。這麼着，白刃影兒和紅血顏色的悲風慘雨的他的一生，就開幕了。

第二章　鎌倉時代

一、清澄山的開教

建長五年春天裏有一天，是生坊蓮長，離開他留學十一年的比叡山，和天天兒下瞰的琵琶湖，向很逮的關東的故鄉起身了。這是離開學窓，站在街頭，他將要傳教所信的宗教第一步。靠著十一年的研學，通曉十宗八宗的宗學，而且也讀破"一代藏經"了。現在已經没有宗學的疑問和信念的動摇。他腦子裏，蘊蓄了自己很好的宗教，且對他宗教的希望和熟情很盛，拿他自已的宗教，要救濟人世。起手先回到故鄉去，拿最初的法雨，要漉他受恩的人和很親密的人，這麼白炙的情緒，就是他歸鄉旅行中，所懷的心狀。若是按著我們的話説，這是帶著學校畢業證書，回故鄉去的感想。那實在是有很盛的希望和白炙的情緒。況且心身都要奉仕破天荒的事業，在回故鄉去的聖人心裏，是怎樣的輝光？又有怎麼樣的懊惱呢？

這麼着，過東海道地方好些個鎮店，用了數十天，到建長五年季春的時候，纔到了故鄉房州小凑的海濱。在故鄉的自然界仍保存往時自然而然的風光：碧藍的細波，静静地蕩漾；清澄山的山峰，依然不變，高入東海天裏，就恍惚睡覺似的，這麼樣故鄉的自然是平和的。在小凑的他的雙親，看見他們的兒子歸鄉來了，就怎麼喜歡了呢？又在清澄寺的他的老師傳道善和尚，以及他的師兄净顯、義净們，怎麽歡迎他了呢？把從片陬的山寺，生出游學南都和北嶺極美學僧來的事，他們喜歡，而且很誇賞了罷！又很尊敬蓮長了罷！可是我們的生坊蓮長，在那樣平和的自然界和人們裏頭，要説出一大宣言。蓮長的感慨，果然如何？

這樣被歡迎的蓮長，起四月二十二日，一星期的工夫，在清澄山的深山裏參居，就入禪三昧，對於正要宣告革命的大主張，修了默想和祈禱。可是到了四月二十八日早晨，從三昧安祥起來了。這天近鄉的民衆及這一山的大衆，要拜聽蓮長法師的“初轉法輪”，就聚在一塊兒；他們都想等著拿他的流暢的辯舌，説出甚麽深遠的教義來呢？到了正午左右，三十二歲的一個青年僧蓮長，打高座上瞰下聽的人們，就用例周到地高唱了，打破失了佛陀的本懷的既成宗教，并且主張相應末世的《法華經》主義了。可是大衆很驚訝，信徒很生氣。又有人想：

蓮長因爲好些年的研學，碎了身心的結果，大概是瘋了罷……就憐憫他了。

那是應該的。爲其麽呢？原來清澄寺是屬台密的寺，可是他折伏密教説“真言密教，是亡國的宗教”，而且批評在當時，一般人所信仰的净土念佛説“念佛宗是墮在地獄的根源”的緣故。

聽的人們裏有東條鄉的領主東條景信。這個人正在説教時，站起來，逼迫道善和尚，要求打這山遂走蓮長。因爲被蓮長批評他所信仰念佛，是“墮在地獄”的，而且他的菩提寺是“真言亡國”的緣故，所以他憤懣不堪。這麽着，狂猛的景信，就立刻要斬害蓮長，很着急，可是廟是禁止殺生的地方，所以景信决意要等着蓮長下山來，就暗殺他。那個時候，道善和尚已經知道，景信是這樣的惡心了。在道善和尚，因爲就是蓮長瘋了，他也是好些年，施了恩愛的徒弟。所以道善很不願意蓮長，濫遭景信的毒刃。這麽着，道善和尚，把蓮長托給他師兄净顯、義净兩個人，令蓮長打後山下山去，避著景信憤怒的毒刃，逃離清澄寺。以後景信聽了這個事情，有多麽生氣了呢？因爲景信是東條鄉的領主，并且是清澄寺的大檀越，所以大概對於清澄寺，發揮暴野的態度了罷？不怕後難，叫蓮長逃出山的老師傅和師哥們的精神，是很清净的，并且是很可羨慕的。

預言者不容於故鄉。

這句話古今東西都是一様的。蓮長跟這話一様，打他故鄉被逐走了。他的悲風慘雨的一生，打故鄉逐走和領主的迫害開始了。在聖人這固然是覺悟的事。若是在末法時代，弘布這《法華經》的人，一定多嫉恨迫害。參照經文的預言就明白了。聖人逃去狹小的故鄉，就向廣大的世界起身了。他後來追想，在當時的狀態，寫給在清澄山的大衆信裏説：

……我研究一切經了。所以大概明白八宗和一切經的優劣，并且明白了真言宗，是失了《法華經》的宗。因爲信這是很要緊的事，所以我要先序説，禪宗和念佛宗的僻見……惡真言來到鎌倉，又要滅亡日本國，而且叫禪宗、净土宗等的宗，又是不可説的僻見的宗。我想若是説出這件事，我日蓮的生命一定要受害，可是爲報虚空藏菩薩的聖恩，就在建長五年四月二十八日，在房州東條鄉清澄寺，道善和尚的持佛堂，向南面對於净圓坊的人，并且對大衆説出這個來，以後二十多年的工夫，還不退轉説着哪……

——與清澄寺大衆信，一三七〇

我想，若是説出這個來，我日蓮的生命一定要受害，可是……

這樣的决心，有多麽悲壯呀！他在開教以前，已經破出生命的了。又在弘安二年，他寫給四條金吾的信，如下：

……在過去的建長五年四月二十八日，房州長狹郡裏頭，東條之鄉現在是郡……在這個郡裏頭，有清澄寺。在這個寺的諸佛坊的持佛堂，正午的時候，向南面説出這法門來，現在到了二十七年，就是弘安二年。佛陀過了四十多年，天台大師三十多年，傳教大師二十多年，纔完成了出世的本懷。其中的大難説不盡，這是像在後頭所説似的。我是二十七年，其間的大難，各各已經知道了。在《法華經》説："而此經者，如來現在猶多怨嫉，況滅度後？"……

一八七五

在聖人怨嫉多難，是已經覺悟的事。若是没有多難怨嫉，不能説是法華經行者。聖人自己是《法華經》的行者，并且是上行菩薩轉生的信仰，越加一難，越强大了。所以聖人莞爾受了打故鄉的逐走，和領主的迫害。

打清澄山逃走的蓮長，趕快上小湊，瞧他的父母去，教化他雙親，就成了最初的信者；并且給他們起法名，他父親爲"妙日"，母親爲"妙蓮"。可是那個時候，他父母心裏頭願意："勿執太激烈的行爲。"

就拿親生恩愛，憂慮自己的兒子的前途了罷。可是他雙親信仰蓮長的宗教，那是不用説的。他的老師傅道善和尚，到最後就疼愛他，可是没有采用聖人主張的雅量和勇氣了。

這麼着，聖人從刻刻危險切迫的故鄉起身，走到房州西海岸的南無谷，在那兒坐船，一直來到了三浦半島的米之濱（現在的横須賀市）；打這兒再走旱路，入到鎌倉了。聖人在松葉之谷，蓋了一所兒小庵，就住在哪裏了。從此越發的開了在鎌倉的宣教。

在清澄山開教之間，聖人把他自己的名字改了叫“日蓮”。他對這日蓮的名字很憧憬了。若是在念聖日蓮遺文的時候，把日蓮名字的兩個字，不論在那裏都可以發見，在那個篇兒上也有“日蓮”倆字。這是日蓮的倆字裏頭，具有很要緊的意義的緣故。現在關於這事，揭示聖人的遺文要説明。就是在弘安二年九月十六日，聖人從身延山送給寂日房的信裏説：

……名字是在一切的東西，都要緊的。所以天台大師，在《五重玄義》（名玄義、體玄義、宗玄義及教玄義）的起初，解釋“名玄義”了。自言名日蓮的事，可以説自解佛乘。若是這樣説，我是顯著聰明似的；可是因爲這是道理所指示的，所以大概是罷。經云：“如日月光明，能除諸幽冥，斯人行世間，能滅衆生暗。”好好兒的考察這經文的精神。這“斯人行世間”五個字兒，是“上行菩薩”在末法的起始五百年裏说出來，光輝“南無妙法蓮華經”裏頭五字的光明，照破“無明煩惱”的黑暗的事。我日蓮們以佛勒使上行菩薩的資格，勸誘使一切衆生，受持《法華經》的，就是這個意思……

——與寂日房信，一八七三

這是靠著叫日蓮的名字，象徵自己的使命。在《法華經》第二十一章說：

在末法時代，“上行菩薩”現出來，宣布《法華經》的精髓“南無妙法蓮華經”裏頭的五字（不算“南無”倆個字的時候，成五字）。那傳教人的功德，恰巧“像太陽和月亮的光明，能够除去一切的幽冥似的，這個人（上行菩薩，就是在末法時代的日蓮聖人）在世間拿‘妙法五字’宣布，也能減滅人間一切的黑暗”。

聖人自身是“上行菩薩”。他是带着這麼很尊貴的使命，特意在日本國生出來的。所以聖人拿讚美上行菩薩德性的《法華經》經文，作了自己的名字。又在文永八年五月七日，寫給四條金吾夫人的信裏說：

……明亮的事，可以如日月麼？清净的事，可以勝過《法華經》麼？《法華經》是日月和蓮花，所以命名《妙法蓮華經》。我日蓮也是像日月和蓮花似的……

——與四條夫人信，六七一

在這遺文裏說，“日”和“蓮”是象徵《法華經》自身的。日蓮名字是象徵《妙法蓮華經》和體現《法華經》的“上行菩薩”。在他的文章裏，把“日蓮”倆字，不論在哪裏寫，那是應該的。聖人又給他父親起法名，爲“妙日”，給母親起法名，爲“妙蓮”。這樣命名的意思，也有不盡的興味。“日”字兒的出處，在《神力品》的裼文裏有；那麼“蓮”字兒的出處在哪裏有呢？那是在《法華經·涌出品》裏，也是讚嘆上行菩薩的德性説："不染世間法，如蓮花在水。""蓮"字是采用這經文的。若是説《神力品》經文，爲讚美上行菩薩的積極力量的，那麽《涌出品》經文，就是讚嘆那個人的消極德性的。光明和蓮華，是除去世間之黑暗的力量，和不染世間之惡風的德行的。這就是"上行菩薩"的人格和他的生活。這又是《法華經》的理想和作用。"日"和"蓮"合在一塊兒就成了他的名字，這不是很有意思的麽？

二、小町的法戰

被逐出故鄉去的聖人，在三浦半島的米之濱下船，就在那兒過了五六天之後，冒着炎暑進到鎌倉，在名越的松葉之谷，蓋了一所草庵。從此就開始在鎌倉布教。没有依靠的人，又没有談話的朋友，可是肉體發了確信的焰，心裏也緊張了精進的誠。那個時候，在鎌倉的宗教界，是怎麽個樣子呢？建長寺仗着北條時賴的保護，將要成功，道隆和尚的名聲，傳到鎌倉裏來。净光明寺仗會長時蓋成，而且鑄适大佛也纔竣工。念佛、禪宗和律宗，在鎌倉的思想界及信仰界，扎了很深的根蒂，不容易動摇的。在這樣的情形裏，我們的日蓮聖人，他的身上穿着很不好看的大麻做成的法衣和袈裟，就天天兒站在名越的道兒上，對道兒上行走的人們，講説法華的功力，論破了諸宗的邪義。對在當時一般人心裏，浸潤很深的净土念佛的信仰，幕府和武士所信的禪宗、律宗，及朝廷信賴的真言密教，加上無忌憚的批評，所以道兒上行走的人們，看這個魁偉的青年僧，就以爲是瘋人，那是不用説的事了。有時候，好奇的人，也去聽他的説法，可是大概以爲是瘋人的囈語罷。把他們的信仰，被聖人苛評很生氣，就有抛瓦石的，或是拿棍子打他的人們，也不少了罷。

孤軍奮鬥的光景,現在也可以回想了。

這麽着,在建長五年將要完結的十一月某日,有一個三十歲左右的沙門,來訪問松葉之谷的庵室,就請願要當聖人的徒弟。這個人比聖人大一歲,彼此在比叡山已經認識的。他的名字叫成辨阿暗梨,是在比叡山可以的舉僧了。他關於在當時台密的宗學,懷着一個疑問,就對主講請求解决。可是他對於主講的回答,不能滿足。這麽着,遠遠兒的仰慕日蓮聖人,就來到松葉之谷的草庵,立刻成了聖人的徒弟,改名日昭,就住在這草庵裏。這是聖人在宗教上的頭一個朋友。在没有依靠的人,又没有談話的朋友的聖人,在這時有多麽喜歡了呢!日昭是日蓮聖人六老僧裏的高足。按着聖人叫他的時候,老用"辨殿"的敬語,可以知道聖人敬愛他的程度了。聖人和日昭的關係不像師徒的關係,倒像朋友的關係了。這個人在表面上,像不做可觀的活動似的,可是在裏面,有很補助聖人的功績。日昭是在比叡山可以的學者,所以給出門日子很多的聖人看家,就在教養師弟們,和應對信徒們的事,發揮特别的纔幹了罷。

到了第二年,就是建長六年十月,在下總平賀的人,源有國的兒子,吉祥曆,又來就成聖人的徒弟了。人傳説這孩子,是日昭姐姐的兒子。那個時候,吉祥曆十歲了。這孩子後來得度之後,法名叫日朗;他是在聖人的一生裏,像影兒跟著東西似的,那麽隨着聖人的徒弟。這個人是在六老僧裏的第二位,又是聖人最愛的徒弟。聖人入身延山之後,他住在名越的草庵,更伸張教勢,而且教養了好些個徒弟。

這年聖人旅行下總地方去。在下總若宫鄉(現在的中山村)的領主,有個叫富木胤繼的人。人説這個人,是聖人的生母梅菊女的姻戚,聖人游學中的學費,大概都是這個人給的。聖人拜 訪這個人去，可是富木氏正好没在家。這麽着，聖人没法子，告辭若宫，打飾鹿浦坐船，恰巧那隻船，是富木氏坐着的船。這麽着，他們倆彼此説了很長的話，坐在一塊兒談談佛法，到了兒富木氏佩服聖人的地步了。以後成了永久的大檀越。富木氏是在日蓮門下，在家的代表。他到了晚年，成了聖人的弟子，自言名常忍了，并且拿他的邸宅，作了一個寺，寺名叫“正中山·法華經寺”。這個寺，現在還有哪。又在下總的“正東山·日本寺”裏，有富木氏的木像；可是看著更像是帶着很樸素的武士。

再回到松葉之谷來的聖人，想在名越道兒上走的人不多，而且有知識的人，也不走那條路。這麽着，這次就在小町（在鎌倉一條大街裏的一個地方）的十字路上，説法了。這小町的十字路，是幕府的官吏、武士們，天天兒來往的地方，所以在這兒説教，就是對知識階級，垂教的意思。

在這十字路上，頭一個信服聖人的人，是四條金吾。這個人是北條氏一族江馬氏的近臣。他爲人是很忠義，并且人格是高尚的。他起初師事建長寺住持道隆和尚，參禪，親熱“見性成佛”的道法了；可是有一天晚上，聽了聖人的獅子吼，翻然的捨了從前的信仰，就成了“法華一乘的信者”。跟四條氏一樣，在信仰道隆和尚修禪的人裏，有工藤吉隆、進士善春、荏原義宗和池上宗仲等等的武士。可是他們都信服聖人高尚的人格，和他熱心的説教，就結了師檀的信約。進士善春是在“松葉之谷火攻”的時候，很努力地防戰。池上宗仲是奉獻聖人入滅的地方。工藤吉隆是在“小松原法難”的時候，殉難了。又甲州波木井鄉的領主，波木并實長，也成了信者。這麽着，在裏邊兒有兩個弟子，在外邊兒得了七八個很有力的檀越；在聖人的事業上，現出多少的慰藉和光明來了。

這麽着，建長七年過去了，到了建長八年；可是到了十月改元爲康元，到第二年三月十四日，康元又改了正嘉。自康元到正嘉，接續出來好幾樣的天變地夭了：就是在建長八年二月，因爲暴風和暴雨，所以起了大洪水。到八月六日又有大暴風、大暴雨。因爲這個，幕府很驚訝，到十月改年號爲康元。他們打算要仗着改元，攘除灾難，那可是没成。在正嘉元年四月十六日，有日蝕，到五月一日有月蝕，又到八月二十三日戌刻有大地震。在東鑑（把在當時發生的事情寫的一本書）裏，關於這些光景如下：

……在八月朔日戌時，和到二十三日戌時，有大地震。神殿和佛閣，一宇也没有完全的。小山坡崩了，人屋子倒了，河壩也全都决堤了，在各處的土地也裂了，就迸出水來。其中在下馬橋地方，土地破裂，打那裏冒出青顔色的火來……

像這樣，是很凄慘的情形了。而且到了八月二十五日下大雨，還有五六回的地震。到九月四日，也有地震，并且有無數的小地震。到十一月八日，又起了大地震，更現出慘狀了。在這一年，就是康元二年三月十四日，改了正嘉元年，可是這樣的灾害還是不住。在正嘉二年的夏天，像冬天的那麽冷；到八月一日有暴風、洪水，所以田地都荒著。到八月二十八日，有一個很大的流星，打西北到東南發光落下去了。那第二年又改元爲正元了。到這年，從康元以來的地震、暴風和洪水等的結果，饑饉很利害，而且流行傳染病；所以在街上，或是在神殿及佛閣的地方，都有堆累的死屍，慘淡極了。對於這樣不斷的灾害，朝廷、慕府和民衆，那更是恐慌了。朝廷頒布改元的勅令五次，幕阶對所有的神殿和佛閣，請願攘灾的祈禱了，又在社會裏起了所有的迷信了。慘狀和恐慌，是這麽大的。在《東鑑》裏細細記録了常時的慘狀和恐慌。日蓮聖人也寫了當時的景况，如下：

旅客來嘆曰，自近年至近日，天變地夭，餓饉疫癘，遍滿天下，廣迸地上。牛馬斃倦，骸骨充路。招死之輩，既超大半，不悲之族，敢無一人。然間，或專“利劍即是”之文，唱“西土教主”之名，或恃“衆病悉除”之願，誦“東方如來”之經，或仰“病即消滅不老不死”之詞，崇“法華真實”之妙文，或信“七難即滅七福即生”之句，調“百座百講”之儀，有因“秘密真言”之教，灑“五瓶”之水，有全“坐禪入定”之儀，澄“空觀”之月，若書“七鬼神”之號，而押千門；若圖“五大力”之形，而懸萬戶；若拜“天神地祇”，而企“四角四界”之祭祀；若哀萬民百姓，而行國主國宰之德政。雖然唯摧肝膽，彌逼飢疫。乞客溢目，死人滿眼。卧屍爲觀，并尸作橋……

——《立正安國論》，三七三

按照這遺文，的確可以知道，朝廷和幕府着慌的樣子；可是竟是著了慌，甚麽也不能辦了。

聖人看這目前的慘狀和人心的恐慌，私下考察這樣天變地夭的原因。他想了總是邪惡的思想和信仰的結果；就著手述作《立正安國論》，和諫諍國家的運動了。

三、著《立正安國論》的目的及其内容

聖人著《立正安國論》的理由，在前節末尾已經大概説過，所以

在本節省略,僅講説其内容和目的。

正嘉二年正月,聖人進入在駿州岩本實相寺的經藏,就研究近年接續的天變的原因了。他以前,已經閱讀藏經(一切佛經)四次:頭一次就是在房州清澄寺,第二次是在奈良的藥師寺,第三次是進入鎌倉之後,在鶴之岡八幡宫,第四次是在下總土橋東漸寺,這次是第五次了。這次的閱讀藏經,要打算研究天變地夭的原因,是主要的目的。聖人在實相寺,除了專心閱讀一切佛經以外,若是有工夫的時候,還講演給一山的大衆聽,天台大師的《摩訶止觀》(天台三大部之一)了。大衆全都佩服聖人深遠的學識,和高尚的人格。後來這個實相寺,出了天台宗,就歸入聖人的宗教了。現在這個寺,是“日蓮主義”的一個道場。那個時候,在實相寺的徒弟裏,有個叫伯卷坊的,這個人很信服聖人,就成了他的徒弟了。在聖人的六老僧裏是第三位,白蓮阿暗梨日興,就是這個人。日興後來在富士山的山根底下,建了本門寺、大石寺等,很努力地宣傳“日蓮主義”了。

聖人,在實相寺閲藏的時候,他的父親妙日故去了。那個時候,他歸心如箭似的,可是因爲正擔任着國家、國民的大事,所以很可惜的不能回家哭奠他父親的靈魂。聖人後來入身延山之後,追想這件事,很覺着遺憾了。

入在經藏的期間,大概是從正嘉二年,到第二年就是正元元年起初的光景了。正元元年,回到鎌倉之後,作了《守護國家論》和《念佛者追放宣狀事》。在前者,説破了念佛宗的邪義,論到在這一向天變地夭,和饑饉疫癘的原因,就是念佛邪義的緣故。在後者,蒐集以前,朝廷和幕府,所頒布逐走念佛門徒的宣狀,及關於念佛行者在南都(奈良)、比叡山的奏狀,就照著法令上説,念佛是邪義。前者是按著佛法,詰責念佛家;後者是照着世法,譴責念佛家。這兩篇文章，是爲著《立正安國論》的先聲。到正元二年又著了《退治灾難鈔》，這也是《立正安國論》的先聲。

在文應元年七月，作了《立正安國論》，托幕府的近臣宿屋光則，把道個論文呈上前執權北條時賴。在當時，執權雖然是北條長時，可是幾乎有名無賞。實權爲“最明寺入道時賴”所握，所以聖人特意呈上時賴了。本論的内容和目的，以及對於獻策的反應，在下邊有説明。

先講説《立正安國論》的大概：

在近時的天變地夭，是由念佛的邪義起來的。攘除灾難的法術，只有拿法華一乘法，爲國象的信仰；除此以外，就没有别的法子了。

聖人要論證有甚麽理由，就説念佛的信仰，是灾异的原因呢？就引用了在《金光明經》《大集經》《仁王經》及《藥師經》裏，關於變异的經义，在這等的佛經裏，佛陀説過：

誤了國政，違背妙法的國家和人民，受天地的灾异。

在這等的佛經裏説灾害，是“三灾”和“七難”。三灾：是饑餓、疫病和兵革。七難：第一難，是在太陽生變异，就如日蝕甚麽的。第二難，是在星星生變异，就如彗星或是流星……以上的兩難，是在天體的變异。在地上的國家和人民，不受直接的灾害；然而這是灾害的凶兆，所以這樣的凶兆，使人心發生大恐慌。第三難，是發生大火，要燒盡國家，就如妖火、鬼火和賊火甚麽的。第四難是洪水，發生洪水，漂没萬物。第五難，是�院起暴風來，能颳殺萬物。第六難是飢饉，這是因爲以上的火、水、風的三難，應該發生的灾難。第七難是兵亂，在這難裏有兩個難：就是在國内的叛亂，和從外國來的侵略。從第一難，到第六難，是在目然界裏所起的灾害；可是在自然界裏的變夭，立刻捲起國家、社會的動摇，就是在人間界裏，起内外的兵亂。《立正安國論》，是按照這等的經文，發表一個預言的。到起草《立正安國論》的時候，已經發生在三灾裏的飢饑饉和疫癘；可是兵革的灾，還没起哪。在七難裏，天體的凶兆和地上的變异，已經現出來了；可是在人間界的叛亂和争奪，還没起哪。所以聖人説：

> 若是不捨去净土念佛宗的邪法，歸入《妙法蓮華經》的正法，不久一定發生内外的兵亂。

這個預言，果然應驗了。就是到了文永九年二月，執權北條時宗的哥哥時輔，在京都南六波羅，叛亂了。在鎌倉，也有響應這叛亂的人，當時就起了大騷亂。這麽着，到二月十五日，執權時宗使義宗攻打了南六波羅。各將領兵士，因爲這個打仗，戰死的很多。這就是應驗“自界叛逆難”的預肓。“他國侵逼難”的預言，是因爲文永十一年和弘安四年的蒙古來攻，又應驗了。現在《立正安國論》，膾炙人口的緣故，是應驗預言的緣故；可是預言，可以説是《立正安國論》的枝葉。聖人作本論的目的，是拿他的宗教爲國教，使政治家按照日蓮主義，改造國家的。

> 國家的治亂，依佛法的正邪。

所以靠着法華的正法，要打算平静國家，就是本論的目的。聖人就要求在當時的政治家，采用他的主張了。

大概有近世科學的知識的人們，如下説罷：

> 在外邊的自然界的替异，影響到我們裏邊心靈的事，我們可以首肯的；可是不能信心靈界的動摇，立刻影響自然界，就發起好幾樣的變异。

可是按著佛教教理，(特殊在《法華經》教理)自然界也是我們内界的現象。在我們的一念裏，具有森羅的三千了。所以像自然界，影響到心靈似的，心靈界，也能影響到自然界。若是據這個立脚地説，天變地夭，立刻就得生出動摇心靈界、思想界的結果；所以要國家太平，總得確定心靈界、思想界了。所以説：

> ……汝早改信仰之寸心，速歸實乘之一善。然則三界皆佛國也。佛國甚衰哉。十方悉寶土也。寶土何壞哉。國無衰微，土無破壞，身是安全，心是禪定……
>
> ——《立正安國論》，三一九

這些文字就是《立正安國論》一章的要旨了。

對於獻上《立正安國論》以後，幕府的態度怎樣呢？那是放弃不顧的了。看著時賴，是像平民主義的人，可是由道隆和尚，修禪之後，他成了一個熱心禪宗的信者；而且念佛宗，是上下一般人，所信仰的；所以時賴不能采用無名無位的一個貧僧的獻策。若是他采用這個貧僧的主張，那成了轉覆在當時信仰界、思想界的事。這是按著禪宗的信者和政治家的地位，不能這樣辦罷。他們可以明白，在《立正安國論》的宗旨正當否？那是不明白的；可是埋沒了道個論策，是實事的。在念佛門徒檀越們，因爲被日蓮猛烈的評破他們的信仰，所以竟是幕府埋沒《立正安國論》，還不能滿足。道麼著，他們實行松葉之谷的草庵火攻了。

四、松葉之谷的火攻

文應元年七月十六日，聖人把《立正安國論》獻上幕府之後，到那年八月二十七日的夜裏，突然起了火攻草庵的大難。這就是呈上《立正安國論》的反應了。聖人後來回想那天夜裏的光景，如下：

……我很驚疑了此等的災夭，大概查看查看，内典（佛經）五七（五千七百卷）和外典（佛經以外的諸家經典）三千（三千卷），可是這次古來很少的天變地夭……先關於大地震，在過去的正嘉元年，作了一卷書，把那本書奉呈故去的最明寺入道（最明寺是北條時賴的號）大人。可是没有質問，也没采用；所以念佛行者，跟檀越等想：“因爲日蓮是國主（掌握政治實權的北條氏）不采用的師，所以斬殺他，也没有罪科罷？”又聽說，某某要人也贊成念佛行者們火攻我的陰謀了。他們的一黨好幾千人，在夜裏聚在一塊，來襲擊我日蓮的草庵，就要殺害我了。可是怎麽樣纔能使我免於危害呢？可是因爲他們商量好了的事，所以來攻的人們，也没有罪科，但是破壞要緊的政道了……就連御式目（叫“貞永式目”，是北條政府的執法）也被破壞了麽……

——與下山氏回信，一五七四

就像這遺文，在夜裏，突然有好幾千人，來攻聖人的小庵。既然在這文裏說：

又聽説某某要人也贊成，念佛行者們火攻我的陰謀。

覺著北條政府某要人，也左知這個暴動。那個時候，正同着進士善春、能登坊等，極力的防戰了，可是衆寡不敵，他們都負傷了，而且草庵也被燒了。那個時候，聖人趁着黑暗，纔得躲避了這場灾難。這次襲擊的目的，不在燒草庵，而是在暗殺聖人。這實在是危機一髮的時候了。

這個法難，是在聖人一生中四次大難裏的第一次。照著在前頭的遺文所表示的，可以知道這次火攻，是慕府暗助念佛行者們的陰謀，就如要殺害聖人似的。北條氏，迫害聖人，是好像人們不知道似的，那麽秘密的，就要殺害他。就如在伊豆俎岩的難，在相州龍口的難，都是在表面上説是流罪，可是在裏面，就是要暗殺害他。這事有兩個理由：一個是按着在當時的習慣，在表面上不能把僧侶，處以斬罪；那一個是把聖人處死刑的罪科，有不明顯的緣故。有人説：

北條政府，執行法規的嚴肅，是古今無比的。

可是按照這次暴動，能看破北條氏所辦理政治的黑幕，就可笑極了。“連御式目也破壞麽?”這句話，在北條氏，是好像鋼刀刺心的難受。

這麽着，逃開鎌倉，就跑在下總若宫，富木氏宅那兒避難去了。

他在那裏，把富木胤繼、曾谷教信、秋本太郎以及太田乘明等，都叫在一塊就說法，有一百天的工夫了。後來這些人們，全都成了熱心的信者，而且又把說教的舊迹，改成了一個寺。現在的中山法華經寺，就是那遺迹。

因此，在這兒說一說，迫害跟日蓮聖人，和迫害跟《法華經》的關係罷。在《法華經》裏，有重要的兩個預言：一個是在佛陀入滅之後，二千五百年的時代就是末法時代，佛陀本時的徒弟"上行菩薩"現出來，他就流通《法華經》的預言。另一個是在末法時代，弘布《法華經》的人，一定遭過好些樣迫害的預言。而且連迫害上行菩薩的人，和迫害的景况，也明明的寫下了。在迫害上行菩薩的人們裏，有三樣：第一是"俗衆增上慢"，這就是普通信徒和政治家。第二是"道門增上慢"，這就是普通的僧徒。第三是"僭聖增上慢"，這是指着被人們，所尊崇爲一世師表的那麼高德的和尚；比如像道隆、良觀等。管這三樣的人們叫"三類之强敵"。迫害的情形，在《法華經》裏說：

> 數數見擯出，遠離於塔寺。

聖日蓮在末法時代生出來，而且弘布《法華經》，所以應驗了他自己是"上行菩薩轉生"的一個預言。又遭了迫害，所以他自己是上行菩薩的化身的事，大概可以首肯。在松葉之谷的法難，是"俗衆增上慢"和"道門增上慢"的迫害。可是"僭聖增上慢"的迫害，還没起哪。而且不應驗"數數"的倆字，所以還不能說上行菩薩的轉生哪。可是後來因爲"往伊豆的流罪""在小松原的法難"跟"龍口的死刑"，以及"往佐渡的流罪"，那麼很多的迫害，接着起來，所以纔能在佐渡島，發表他自己是上行菩薩的事了。關於這些事，到後章要細細兒的説明。這麼着，我盼望讀者，記着迫害是在聖日蓮的一生中，有最要緊的意思。又我希望讀者，記著這迫害，是在聖人自覺他的神聖的使命上，至大的條件。

五、往伊豆的流罪

往下總地方去，暫時避難的聖人，再建草庵，已經完工了，所以第二年（弘長元年）的春天，回到鎌倉來。又在松葉之谷住，就再開法戰了。在這個時候，對於迫害的自覺，堅固些，預期大難，再起了折伏諸宗的法戰了。在那年四月二十八日，寫給了稚地四郎氏的信裏説：

> ……在末法一定現出"《法華經》的行者"來。但是若起大難的時候，這個人的熱烈信仰心，越發喜歡罷。比方，在火裏添劈柴，火怎麼不熾烈呢？衆流應該入大海，還有大海折回河水的事麼？好些河水，像大難似的，那麼猛烈的流入"法華行者"的大海裏來了，可是不返回，而且不詰責。若是諸河的水，不流入大海裏去，就没有大海了。即是没有大難，就不是《法華經》的行者……
>
> ——四一〇

若是起大難的時候，這個人的熱烈信仰心，越發喜歡罷。

即是没有大難，就不是《法華經》的行者。

聖人以這樣的一大信念和自覺，再回松葉之谷來了。將來的大難是甚麼呢？望前途的多難，就起骨鳴肉動的勇猛心，想着使命的尊貴，就咽法悦之泪的心，又預想着嫉妒迫害，就自覺法華經行者的心，拿這麼樣緊張的心，再要打毒鼓（征服惡思想的鼓）就回到鎌倉了。依在下總中山，富木宅裏，静養半年，聖者的肉體，也康健了，而且依温情信者的待遇，精神也開暢了。可是他再要起“折伏戰”，又在那一面法敵等着，若是日蓮回到鎌倉來，就要補他哪。

在鎌倉，念佛、禪宗等的僧徒們，聽見在松葉之谷火攻的時候，不能殺害的日蓮，又回到鎌倉來了，并且又起了打倒諸宗的活動。這麼着，他們打算，這次一定得把日蓮殺害，就請願幕府，在表面上按著罪人逮捕他的事。那時候，良觀房忍性，得了北條重時的歸依，建着極樂寺哪。净光明寺的良忠，建長寺的道隆，都是北條氏歸依的和尚，就是在當時的高德名僧。他們都成了聖人的法敵，就策應北條氏的太夫人們，要迫害聖人；這是在前節已經説的“三類之强敵”裏的第三“僭聖增上慢”。這次是這樣“俗衆增上慢”的北條氏，和“僭聖增上慢”的良觀房、良忠和道隆，結合起來就要迫害聖人；所以在街市上的聖人説教，是在這官僚系的兩者，最不方便的了。一方面攻擊北條氏的政治，就是如下説：

> 北條氏失了政治的根本精神。原來國政，是應該照着“《法華經》主義”辦理的，可是北條氏全都不顧《法華經》。在近年天變地夭，和人心的動亂，是政治不靠着《法華經》主義的緣故。若是像從前拿净土念佛，或是禪宗，爲國家的宗教，就按着這等的宗旨，辦理政治的時候，除已經現出來的天變地夭以外，還要起“自界叛逆難（内亂）”，而且加上“他國侵逼難（外寇）來。

所以北條氏，若是不信《法華經》主義的時候，就把聖人當做紊亂社會安寧秩序的人，就應該禁止他的運動。況且北條氏是很熱心的信仰禪宗和念佛的人，所以當然要迫害聖人了。又聖人一方面很苛評在當時的念佛宗了。這個批評大概如下：

> 他們不知道現在是甚麽時代，又不知道現代的人們，要甚麽教法。現在正是末法時代；釋尊預言了，在末法時代，應該弘布《法華經》。可是他們流通這不合時機的權大乘的佛教，就是禪宗、念佛宗等了。然而這樣的信仰，已經入了政治家和民衆的精神了。在近年天變地夭的原因，是因爲流布這樣的惡宗教的緣故。他們是不能平安國家，反倒紊亂國家的；不是救國的人，倒是亡國的人。他們沒有存在的價值。若是幕府，在由井之濱，不斬他們的首，國家一定要滅亡的。

因爲受了這樣的痛擊，所以他們在自衞上，也要殺害日蓮。這麽着，北條政府和御用宗教家，逮捕在野絶叫的預言者，立刻要殺害他；可是北條氏的法律（泰時做的很有名的貞永式目五十一條），是按著聖德太子作的“十七條憲法”，把他分爲三條作成了的。聖德太子憲法的中心思想，是“篤敬三寶”，所以“貞永式目”，也是對於僧家寬大的。按着僧侣宣傳新宗教和自由思想的理由，就不能濫斬殺僧家。這麽着，幕府當局，想了好些個法子，結果，想起一個法子來，就是表面上説處聖人流罪，裏面秘密的殺害他的法子。這是幕府對於聖人，慣用的手段。以後，在“龍口法難”，也是表面上説處流罪，裏面却要秘密地殺害他。前次“在松葉之谷的火攻”，是要假暴徒殺害他的，可是失敗了，所以這次政府自己要下手殺害聖人了。

這麽着，在五月十二日，“侍所司”北條長時命令部下，等着聖人出門的時候，跟着他走，在道兒上逮捕他，在“問注所”不審判。按着紊亂社會安寧秩序的理由，就立刻宣告了，發生伊豆的流罪。後來聖人，寫了當時的情形如下：

> ……念佛行者們，聽說這個事情，跟上下的諸人商量，就要殺害我了；可是没能殺害（指示在松葉之谷的火攻）。這麼着，因爲武藏守長時大人，是極樂寺大人（極樂寺是北條重時的號）的公子，所以他知道他父親的心，勉强着把我發往伊豆流罪了……
>
> ——與妙法尼姑回信，一七七九

原來北條氏的政治，是以立憲的事，那名聲振響古今的。連這樣政府，也對在民間的自思想家和“佛教改革家日蓮”，拿所有的非立憲和官僚的陰險手段，迫害他了。

長時的一黨，在五月十二日，逮捕聖人時，不送到“問注所”，就立刻護送到由井之濱，坐了船。要開船的時候，有一個聖人的徒弟日朗（十七歲），裸着脚，跑來了。趕緊拉着纜索，慟哭，請願官憲許可跟他的老師傅一塊兒，往伊豆去。可是官憲不但不許他同伴，反倒不慈悲地打倒他。這麼着，聖人流着泪，對最愛的日朗説了數句訓誡話，就登了不知道生死的海路旅行去了。可是，那一天晚上，灣到了伊豆的伊東海岸，就使聖人下船了。那一處叫“俎岩”，這“俎岩”是在海中很恐怕的一塊岩石。這塊岩石，是在退潮的時候，露出水面上來，可是漲潮的時候，在海水裏，埋没很深的孤岩石。這個刑罰，恰巧像是活活的被葬埋在水底似的，那是最慘酷的刑罰。北條氏打算仗着天然的力量，大家又不知不覺的，在岩石上就殺害聖人了。從前北條氏一黨，燒松葉之谷小庵的時候，就是要焚殺聖人的。這次他們又打算在不知多深的海底葬埋聖人。在無限的水平綫上，張開很淒慘的夜裏的幕了。要喫聖人生命的怒潮，鼓濤了很恐怕的鯨波，就時時刻刻的襲來。被困在那兒的聖人，現在沒有別的法子，就是坐着，等著死了。一會兒被水溯了脚，濕了法衣，將要把他的腰浸没在海水裏似的，那麼樣的危險，時時刻刻的迫來。可是聖人安然自若，拿清朗的聲音，奉唱“題目”（即“南無妙法蓮華經”，這就是諸佛出世的本懷，并且是衆生成佛的真道），就把他的生死，委任佛天了。那個時候，恰好船守彌三郎漁夫，漕船遇見聖人了。彌三郎聽著念尊貴佛經的聲音，把船划到那兒一看，是一位沙門，將要溺死。這麼着，彌三郎趕緊把聖人救在船上，帶着他，回到自己的家去了。可見佛天不濫殺這麼樣的，不世出的偉人。彌三郎是成了一個天使，就打救聖人的危難的。在《法華經·安樂行品》裏，對弘布《法華經》的人說：

天諸童子，以爲給仕，刀杖不加，毒不能害。

又在《藥王品》裏說：

水不能漂，火不能燒。

在松葉之谷的火攻，不是燒不著聖人麼？在伊東“俎岩石”的水，也不能漂沒聖人了。那得說是自然的。彌三郎夫婦，在川奈自己的家裏，隱護着，奉養著，這位聖人。他們夫婦被很高尚的聖人的人格所感化，就成了熱心的信者。“天諸童子，以爲給仕”的經文，不是空虛的讖言了。到六月，聖人搬到伊東之後，寫給彌三郎夫婦

一封信,感謝他們夫婦的恩典了。那封信如下:

> 特意打發人送給我粽子、酒、飯乾兒、花椒和紙甚麽的,都受納了。又據使者跟我說:"請你不要告訴别人這件事。"我日蓮知道了。日蓮在已過的五月十二日,受流罪的時候,來到那海口了。可是還没聽説過那是甚麽地方,就在那兒下了船。在那時是很困難的時候,你很殷勤的照應我的事,是甚麽宿習呢?在前世,是個《法華經》的行者,可是他現在在末法時代,轉生爲船守彌三郎,就憐恤日蓮罷?假使男人可以那麽樣,可是女人的身,能給我做伙食,并且給我打洗脚、洗手的水;其外諸事是很殷勤的,我日蓮没有可形容的話了;并且這二十來天,在你們心裏信仰《法華經》,供養着我日蓮的事,是甚麽因緣呢?道樣的領主,萬民懷恨日蓮,而且嫉妒的事,比鎌倉還利害。就是看見我的人,要避目,聽見我的人,也要仇恨我。并且因爲五月的光景,所以大概大米也少了罷,可是你們秘密地養活我日蓮了,這是日蓮的父母,轉生在伊豆東的川奈的地方了罷?在《法華經》第四裏説:"及清信士女,供養於法師……"這經文,是諸天善神等,或是成男人,或是成女人的變形,就種種的供養守護法華經行者的意思。彌三郎夫婦成了"士女"生出來,就供養我日蓮,這個事,一點兒没有疑惑的了……
>
> ——與船守彌三郎氏信,四一二

按著以上的遺文,在當時的情形下,好像看掌中之"菴羅果"的那麽明白。這樣聖人,被無智的官憲,按著有重罪的人,發往他没去過的地力了;可是仗着忽然現出來的船守彌三郎,打危難裏救出米了。彌三郎夫婦,不顧貧困,而且在官憲嚴密的壓迫裏,拿温和情義，隱藏著、照應着聖人，一個來月的工夫了。這夫婦的志氣，在流罪人日蓮的心裏，是怎麼喜歡了呢？那是在這信裏，寫滿了無限的感謝。

這麼樣，聖人大概一個來月的工夫，在彌三郎夫婦，庇護之下，避世間的眼目，就静静的生活了。可是日蓮還存生的風評，慢慢兒的傳到世間去了。這麼着，不知道是打鎌倉的命令，或是領主自己的處置，可是往領主伊東朝高那兒被移居了。可是爲治伊東朝高的病惱，就給他祈禱了。因爲這個朝高很感謝聖人，到了兒成了《法華經》的信者。在那個時候，聖人平愈病惱的祈禱，是怎麼樣的呢？關於這事情的詳細，没有可考徵的文獻，所以不能説。可是按著在平常日子聖人的主張，就考察，不是像從來在真言秘教修行的咒法，那是不用説。他的祈禱，總得是向絶對唯一的本佛熱心的祈禱，而且是純潔的祈願。就是得在本佛和我們的感應生活上所起的禱告。聖人關於伊東氏病的祈禱，是確然這樣的。靠着給朝高治病，聖人的流罪生活，却成了很自然的生活，而且傳教的結果，現出好些個信徒來，到了兒在伊東，建了一個道場。朝高爲平愈，打算感謝他，就奉獻聖人的禮物，是打海裏發現出來一位化像的釋尊。這是聖人在一生的護身佛，就是在龍口白刃的席上，在佐渡冰雪的床上，在身延山明月的草庵，也是如影隨形地跟著他。所以這佛像，又叫“隨身佛”。現在作爲京都本圓寺的靈寶，保存着哪。在前頭揭示的聖人給船守彌三郎氏的信，接連着如下：

又關於這領主的病惱，有請我祈禱的話，所以我倒還合宜，就辦了。可是因爲他們對我日蓮的信仰心，有一點兒現出來了，所以我要祈求《法華經》。我想此時（禱告的時候）“十羅刹女”也很願意合作罷，就祈願《法華經》、釋迦、多寶、十方諸佛和天照、八幡，以及大小的神祇等了。所以此等神佛們，一定商量，要表現靈驗出來罷。他們能够害我日蓮麽？我想着，他們必定像痛痒抓不着的地方似的，給我辦理好了。果然他病惱痊愈，他就給我打海裏魚類裏現出來的佛像了。這是他的病惱的緣故……

——與船守彌三郎氏信，四一三

以上所叙船守彌三郎的歸正和伊東朝高的平愈，這都是在弘長元年的事情。靠著這兩樣事實，已經看明白，在伊東流罪人日蓮的外面生活了；所以在下邊，按著他在弘長二年，著述的文字，要講説聖人的内面生活。

在那一年所作的文字，有兩篇，一篇是《四恩鈔》，一篇是《教機時國鈔》。《四恩鈔》是把對於迫害的思索和感想，發表的。《教機時國鈔》是説明在宗教上，《法華經》的位置。

在聖人從前的弘法生活，是跟著好些被迫害的事情；就是在故鄉的清澄山被逐走，在松葉之谷被火攻，以及這次的流罪。在鎌倉和故鄉，也有"三類的法敵"。現在渡過大海，被發往到這未曾見的地方，仗著温和的人心，得了暫時的小康；可是他回想已經過去的多難的生活，就入了思索，發動感想。因爲這麽樣，他更得關於自己的宗教和自己的使命確信了。

在《四恩鈔》的發端説：

我日蓮成了流罪人，有兩件要緊的事：第一是很大的歡喜……第二是很大的嘆息……

——四一七

《四恩鈔》全篇，都是説關於被迫害的喜歡和悲哀的。“第一是很大的歡喜”是甚麽呢？那是日蓮現在爲《法華經》、爲正義，成了罪人。這是多麽喜歡啊！肉身不自由，又有苦痛，可是這是小苦。這個苦惱，是爲《法華經》受的，越想越没有這麽樣喜歡的事了。那是怎麽個理由呢？這苦惱的流罪生活，就是色讀《法華經》的緣故。在鎌倉弘通《法華經》了，可是被學文和世俗的事所妨碍了，所以修行《法華經》，也不能隨意的修行。可是現在在伊東，每天連夜裏睡覺的時候，帶吃飯的時候，就是晝夜十二時辰中，都是修行《法華經》的生活。這樣看起來，那發往异鄉的事，不是很喜歡的事麽？所以在《四恩鈔》裏説：

……特意奉信《法華經》，是僅由這六七年以來的事。又信是信了，可是因爲懈怠的身，而且被學文，或是世俗的事所妨碍了，所以一天，竟是念了一卷、一品，或是“題目”。從去年五月十二日，到今年正月十六日，共總二百四十來天，晝夜十二時辰，都是奉修《法華經》了。因爲甚麽呢？因爲信《法華經》，就成了這樣的境遇，所以行住坐臥的修行《法華經》。生在人間，能存這麽喜歡的事麽？

——《四恩鈔》，四二一

這是對於迫害深刻的考察和感謝。“第二是很大的嘆息”，是反對《法華經》，迫害聖人的人們，是很可憐的事。就是因爲聖人一個人，在日本國生出來，宣傳《法華經》主義，所以人們要迫害聖人，而且辱駡《法華經》。這樣人們的罪孽，比現在聖人受著的苦惱還大。在《法華經》裏説：

若是有人反對正法,那個人應當永劫的沉湎,在地獄的底下。

聖人自己靠着人們的迫害,成了尊貴的“法華經行者”,可是若回想人們的時候,因爲聖人現出來,弘布《法華經》主義,所以人們造下罪孽,就得永遠的受苦惱。這麽着,聖人是想了雖然弘布《法華經》是好,可是使人們造下不能消滅罪孽來的事,就悲痛的泪流不止。一邊兒做着法悦的生活,一邊兒也嘗了慈悲生活的情味了。

……我很嘆息,我一個人生在這國,就使好些個人,造下一生的業障的事……

——《四恩鈔》,四二三

令聖人成了這樣很尊貴的“法華經行者”的,是“三類的强敵”。所以聖人説:“總得先救他們!”這是多們深刻的宗教情緒啊!這樣慈愛敵人的宗教的實感,在像聖人似的,那麽偉大的宗教家,纔可以十分的成。在《四恩鈔》裏所説的一個大嘆息和一個大歡喜,這是發表《法華經》,被聖人的生活上,所痛切的實際化的事。據聖人説:“《法華經》的色讀。”他嘗《法華經》的滋味,就喜歡了。因爲這樣的法悦,不知不覺地流泪了。那時候,關於《法華經》,有應該在末法時代,先在日本流通,然後再宣布在世界的一大事因緣的觀察,和關於當弘布《法華經》,任務的人的考察,都一同起來了。發表這個的結果,就是《教機時國鈔》的文字了。

《教機時國鈔》,是《立正安國論》以後的重要著作。《立正安國論》,是專對外的著述;這是專對内的著作,就是講説在宗教上《法華經》的地位。在這遺文裏所講説的“宗教的五綱”,是在宗教學上,很要緊的一個法門。現在順便要介紹這個，就是在“教、機、時、國、序”的五條之下，指示《法華經》，是先在末法時代的日本國，所弘通必然的道程了。在第一的“教”，是説在一切宗教裏頭，《法華經》具有最高尚的内容。在第二的“機”，是關於聽説法的人的考察，就是説在現在跟未來的人們，若是不靠著《法華經》，就不能拯救的意思。在第三的“時”，是關於時代趨向的考察，就是説現代社會的情形，具有弘布《法華經》的必然的事情。在第四的“國”，是説明日本的國情，不論如何，有流通《法華經》必然的性質。在第五的“序”，（流布教法的前後）是由歷史上考察宗教，就是説由三國（印度、中國、日本）佛教史上看起來，已經入到末法時代的日本及世界，應該流通《法華經》了。這是聖人，關於弘通《法華經》的必要條件。聖人的宗教，是經過這樣研究的考察，就成立了。

在這兩個著作裏，就看見在伊豆流罪人日蓮内面的生活了。就是《法華經》，是在聖人的生活上，成了切實的事實，又關於那教義的思索，也漸漸兒的深了。

到了弘長三年二月二十二日，從鎌倉送來一封赦罪文書。鎌倉政府把他打算就要殺害的那麽重罪的人，怎麽會赦免了呢？那是因爲在處流罪聖人以後，還連接著起了灾异，特殊處了流罪他的發起人，北條重時，得了瘋病，就在弘長元年瘋死了。而且前執政時賴，也做了一個很壞的夢。所以時賴跟時宗、長時等商量商量，就發了一個赦罪文書來。後來聖人回想，當時的光景，寫信説：

……可是（北條氏），用“謗法一闡提”國敵的法師們的讒言，不辨别道理，也并没有甚麽審問，就違背要緊的政道，這是故意的招禍患。真是可憐！真是可憐！可是當事情鎮静之後，因爲没有罪科的事

（把没罪科的日蓮，處流罪的事），是很可耻的，所以日子不久，就召還我了。可是最明寺入道大人，也早就夭死了……

——與下山氏信，一五七五

“因爲没有罪科的事，是很可耻的，所以日子不久，就召還我了。”這話是多麽痛快的批評啊！

六、小松原的法難

弘長三年二月下旬，聖人又回到熱鬧的鎌倉去了。聖人在伊東的生活，固然是罪人的生活，可是仗著滄滄的海邊兒，湧出温泉的地方，和朴素人心，過了平安愉快的日子，差不多有十個月了。聖人離開這樣清静可樂的伊東鄉，就再回到很熱鬧的都會去了。以後在國内可爱的事情，挨次的起來了。就是到了那年十一月，幕府的柱石時賴死了。到第二年（文永元年）的春天，比叡山延歷寺跟三井園城寺打仗的結果，比叡山的殿堂，被敵人放火燒毁了。到那一年夏天七月，現出一個很大的彗星來，就是表現“他國侵逼”的凶兆來了。聖人關於這個大彗星，在勘《立正安國論》由來裏，如下：

……又其後到文永元年七月五日，在東邊天上，現出彗星來，餘光大概及全國。這是從開闢世界以來，没有的凶兆。内外典的學者，也不知道，這個凶兆的根源，我越發增加悲嘆的心了……

——六〇五

聖人在外國侵逼日本來的以前，要開始一個大法戰，可是没回家，有十年多了。所以暫時瞧瞧在故鄉的老師傅，和他母親都去了。

被遂走故鄉之後，已經過了十年多。在那個工夫，有“十字路上的法戰”“諫諍國主的運動”“發往伊豆的法難”和“松業之谷的火攻”了。這樣法戰不但不止，而且法難竟是接踵而來，所以没有瞧故鄉的工夫。可是他父親妙日，已經在六年以前（正嘉二年）故去了；并且現在他母親，因爲老病在床的家信來了。又老師傅道善和尚，還没改真言和念佛的信仰，而且是年高了。因爲自己在外國侵逼日本來之前，總得開始一個大法戰，所以自己的生死也難預測。這麽着，聖人决意了，利用赦免流罪的短工夫，就打算訪問故鄉去。

可是回家，很有危險。那是因爲聖人在清澄寺，開教的時候，他批評念佛 宗以來，領主東條景信，看着聖人就像仇敵似的。其後東條鄉天津的城主，工藤吉隆，成了聖人的信者。原來東條氏和工藤氏，因爲領土和勢力的關係，彼此是仇敵；而且工藤氏，改了信教以後，在信仰上也是仇敵。所以東條氏對聖人的憎嫉，也越發深起來了。既然故鄉的情形如此，聖人回家的事，髣髴是進入虎口似的，那麽樣的危險。可是展視先考的墳墓，和瞧他老母親的事，那是爲人子應該做的事。若是過了現在的好機會，以後多咱可以回家，那就不一定了。這麽着，聖人覺悟着冒險，就决意歸鄉了。

在文永元年秋天即八月，打海路向故鄉房州起身了。趕回到可愛的自己家去一看，就見人家哭著説：“你的母親剛故去了。”聖人聽這話很驚訝，很嘆息了。這麽着，聖人立刻在院子裏的松樹底下跪着，就向佛天一心不二地禱告，求他母親的蘇生了。到了兒，至誠通天，不可思議的蘇生老母親了。因爲這個，他母親妙蓮，更延了四年的壽命。後來聖人，關於這個事情，聖人寫了一篇文章，如下：

> ……這麼着，我日蓮爲慈母祈禱了，所以不但是現身治病，并且還延了四年的壽命了……
>
> ——《可延定業書》，一八二七

向大下的政府和各宗的高僧碩德，挑戰的勇將日蓮，也坐在故鄉的海邊，向佛天祈禱，求他老母親蘇生，就再成了戀慕父母的小核子的古時了。這麼着，聖人上先考妙日的塋地去，修了很鄭重的供養法會。到九月中旬，又上西條邑，華房的蓮華寺去了。這個寺，是被逐走清澄山以後，暫時躲避東條景信的白刃的地方。他在那兒住，差不多兩個月。那時候，著了《當世念佛者無間地獄事》，就確論念佛的信者，墮在無間地獄的道理了。

到了十月，他老師傅道善和尚，特意拿老軀下了清澄山，上西條村去，瞧他最愛的徒弟日蓮去了。這麼着，聖人對於恩師道善房，殷勤地說了念佛的邪義，講了《法華經》的正義；可是不能勸動年達古稀的老僧的心。這位老僧，因爲疼愛徒弟的一念，就流泪了；可是不懂聖人說的意思。在那時的光景，聖人親自細細的寫了，如下：

> ……我明白好些佛經和好些論宗的錯處，是因爲虚空藏菩薩的靈驗，和老師傅道善房的恩典。連豺獺也有報恩的事，何况是人呢？爲報答這恩典，就在清澄山宣布佛法，就要奉導道善老師，可是這個人是老邁，并且是念佛行者。不見他是可以免三惡道，而且也用日蓮的講演的人。

可是在文永元年十一月十四日，在西條花房的僧院，拜謁他的時候，他說：

我没有智慧，所以没有被人請用的希望，而且年老没有精彩，所以也不請念佛的名僧，做我的老師。因爲念佛是在世間流通的事，所以就是念稱“南無阿彌陀佛”。又不是由我的心裏所起，可是有因緣，就奉造了五體的阿彌陀佛。這也是在過去世的宿習罷。因爲這罪孽，能墮在地獄麽？

……

那個時候，我日蓮在心裏想，没有特别不和睦的事，可是因爲東條蓮智的事，不拜謁他有十多年的工夫，所以顯着不和睦。這麽着，我想在穩便温和的意思，奉答他的事，倒是合禮儀的，可是在生死界的習慣，是老少不定；又後來不能再會見他罷。我以前對於這個人的師兄道義房義尚，説過：“這個人是墮在無間地獄的人。”果然看著他臨終的樣子，不很好了。我很悲哀的看這個人，也是那麽個樣子，所以斷然强硬地説過：

你作阿彌陀佛五體，就是墮在無間地獄九次罷……樵夫漁夫們，不明白甚麽道理，所以就是不修一善，那罪孽也反倒淺輕的。雖然在當時的僧侶，祈禱他們的後世，可是捨了《法華經》和釋迦佛，倒念念不捨阿彌陀佛、念佛等之間，是怎麽樣呢？外觀可以看著好人似的，可是不能免去捨了親（釋迦），貪緣别人（彌陀）的過失。壞人一點兒還没歸入佛法，不知道捨弃釋迦佛的過失。大概有因緣，就信敬阿彌陀佛的時候也有罷。靠着善導、法然的邪義，和在當時的學者們的邪義，就拿阿彌陀佛作爲本尊，專稱念佛的人們，不能看假令經過多生曠劫，也就翻轉這個邪見，歸依釋迦佛和《法華經》。所以在“雙林”最後説的《涅槃經》，指示比十惡五逆還可怕的人説：“叫謗法闡提；可是這樣人有受持二百五十戒，在身上纏着三衣一缽的智者們裏頭了。”

這麼細細兒的講説了，可是這個人看着，像不懂得似的。傍座的人們，也是看著不明白似的了……

——《善無畏鈔》，六四九

聖人想法子要拯救道善老師，可是像以上的遺文，不能達到他的志願。然而到後來，道善和尚，有一點兒理會，聖人的用意了。所以連接着前頭的遺文，如下：

……以後我聽説，恩師道善房，受持《法華經》的事。這麼着，我想這個人，到了兒翻轉邪見，成了善人罷，就很喜歡的時候，他又造了這釋迦佛的事，這個歡喜不能以言語形容的了。在當時是像堅固的樣子，可是因爲《法華經》的經文自然而然地講説了，所以這樣信服了。所説的“忠言逆耳，良藥苦口”，就是這個意思。現在我日蓮，已經報達師恩了。神佛一定嘉納罷。你們各個把這個事情，替我給稟道善房就是了……

——《善無畏鈔》，六五一

這麼樣道善和尚，就成了念《法華經》，并且造釋迦的佛像的人，一定是在花房，會見時候的講演的結果。聖人説：“現在我日蓮已經報達師恩了。”就喜歡的事，是當然的。這麼着，在“主、師、親”的三樣裏頭，“親”是已經在建長開教的時候，教化了；“師”現在也漸漸兒傾了《法華經》的信仰。餘下的是“主”的教化，這是不容易的事。

又在這時候，房州的人，男金實信氏，使他的一個兒子成了聖人的徒弟。這個孩子，是在後來的聖人六老僧的第四位，民部呵暗梨日向；他又號佐渡房。這個人的辯論最巧妙。後來他問天目（也是聖人的徒弟）關於“本迹勝劣”争論的時候，天目失敗，就磕頭的謝罪了。

這麼着，聖人在十一月十一日，應了工藤古隆的懇請，要上天津的工藤氏邸宅去，辭了華房的僧院，就動身了。那個時候，東條景信，聽説這個事情，就私想：“現在正是雪多年的怨恨的好機會。”立刻他就率領好些個兵，上東條鄉小松原去，（這地方是從花房到天津去的途中，這一帶是一座大松樹林子）在松樹林子裏頭埋伏，就等着法敵日蓮的一行。這邊聖人的一行，大概有十個人，在那裏頭，可以打仗的，僅有三四個人，實在是危險極了。這一行，到了小松原，正是下午七點鐘的光景了。這個時候，是十一月天，很短。打很黑暗的鄉下道兒上，仗者不亮的火把的光，就摸索着走，可是因爲霜化了，所以道兒上很濘，很不好走。在那黑暗裏，松樹的後邊兒，法敵東條景信，拿一把憤怒的白刃，跟他的好幾百名的部下，静静兒的埋伏。真是鬼氣迫身的小松原！誰知道這麼危險的情形啊？聖人的一行，走到中間的時候，忽然打黑暗裏，“嗤”的一聲，飛來無數的箭，好像下雨似的。所以聖人的一行，連個藏身體的工夫都没有。接著從松樹縫兒裏，露出好幾百名的兵來，就襲擊了。這麼着，跟着聖人的人們，要保護“末法救世主的日蓮大聖人”，趕緊拿現有的武器，跟像密雲似的敵兵打仗了。衆寡固然不能敵，鏡忍房戰死了。正當那個時候，歡迎聖人來的工藤吉隆、北浦忠吾和北浦忠内，這三個人也跑來，極力的打仗，可是可惜啊！吉隆也戰死了。那時聖人眉間也受傷了；可是趁著黑暗裏纔能避難了。在當時的情形，過了一個月之後，聖人寫給在駿州南條氏的信裏，説明白了。

……今年十一月十一日，在房州東條裏松原的大路上，申酉的時候，有好幾百名的念佛行者，襲擊我們了。那個時候，我們一行只有十個人，在那裏面有用的人，僅有三四個人。射來的箭，好像下雨似的；砍來的大刀，好像電光似的。我的一個徒弟——鏡忍房，就立刻被殺了，并且有兩個人（乘觀和長英）受了重傷！我自己也受傷，還被打了，差不多没了命，可是怎麽個緣故呢？我没有被難，到現在還照舊生存着。因爲這個，信仰《法華經》的思念，越發高起來了……

——與南條氏信，五二四

傳説以後日子不多，東條景信瘋死了。當時吉隆的夫人懷妊滿了月，就生出一個兒子來了。這個孩子，長大了之後，尊從他父親吉隆的遺言，就成了聖人的徒弟，改名日隆了。工藤吉隆的遺體，以僧禮鄭重地埋葬了，而且給他起法號，叫"妙隆院日玉上人"。他的墳地，在小松原，所説的"上人塚"，就是這個。後來工藤氏的邸宅，改成了一個寺，就是在天津的日澄寺。又在松原的鏡忍寺，那是鏡忍房墳地的舊迹。唉！壯烈的殉教家！把可惜的盛花兒，委於小松原的泥土了；可是這個人的靈魂，現在仍然生存着在感激他們的殉教，就進入日蓮主義的信仰的人們心裏頭哪。

這樣的，"小松原法難"，實在是危險的了。可是在這個時候，聖人保全了他的生命的事，這就是佛天擁護"法華經行者日蓮"。仗着這次法難，聖人自己的使命和自信，就越發的確實了。連接着前頭的信説：

……在日本國念《法華經》，并且能研究的人很多。因爲覬覦别人的妻，或是要偷誘甚麽的，所以被打的人甚多；可是因爲《法華經》

受害的人，一個人也没有。所以在日本國的持經者，竟是有名，可是未值遇這個經文（法華經行者，應該受難的經文，即《法華經·勸持品》經文）。只我日蓮一個人奉念，“我不愛身命，但惜無上道”的經文。所以我日蓮，是在日本第一的《法華經》的行者……

——五二二

“日本第一的法華經行者”，這一句是頭一次在這信裏現出來的。這是聖人一生的大抱負，而且是後來，自任在佐渡所開顯的“上行菩薩轉生的日蓮”的序曲。“日本第一的法華經行者”的自覺，那是因爲這法難，越發加强了明確的程度了。

聖人在這次法難的地方，得了九死一生，好不容易避難去之後，進入市之坂的岩窟，治療一兩天，那傷雖然慢慢的好了；可是在聖人的眉間上，印了終生不能消滅的紀念痕迹。傷痕好了的聖人，到了文永二年，巡化關東地方了。在這個工夫，經過常州地方，入到野州地方，就沐洛那須温泉了。這次巡化之間，在上總興津地方住的佐久間重貞的兩個兒子，成了聖人的徒弟。叫日保和日家，就是他們倆。後來這兩個人，跟日向一塊兒，在房總地方從事傳教。在文永四年八月十五日，聖母妙蓮，故去了。在那一年的年底，聖人又巡化下總地方。那時候，富木氏繼室的携養子，入了聖日蓮的門下。日頂就是這個人，他又叫伊豫房，後來成了六老僧的一個人。富木氏在聖人入寂之後，施行三週年法會的時候，日頂在鎌倉，因爲跟别宗的碩學論戰，所以没趕上這座法會了。這麽着，富木氏很生氣，就不叫他進去了。日頂打算要解他父親的生氣，追著父親到中山去，圍繞着一棵在門口外的大銀杏樹，就誦經一星期的工夫；可是他父親，依然不許他。以後富木氏臨終的時候，兩位長老日昭和日朗來了。他們請富木氏赦日頂的罪，可是他没説許不許，就脱了自己穿的汗衫兒，托兩位長老説："請把這件汗衫兒給日頂罷。"説完就逝去了。這事情的是非，是另一個問題，這是尊重師恩的一個訓誡。那棵銀杏樹，現在還保存在中山法華經寺的院子前邊，就表示往年的悲哀的意思。

這麽着，文永四年，在下總地力的巡化，就過去了。到文永五年，又回到鎌倉去了。在那一年的年初，關於日本和關於聖人的一大事件，現出來了。那就是在正月十八日，蒙古國的使者來到的事情。

七、龍口的法難（上）

文永五年，閏正月十八日，當時是八十九代龜山天皇的時候，蒙古國的國書送來了。那國書按着表面的文字，是要求國交的國書。可是按着裏面的意思，明明是迫納進貢來的。在那國書裏頭，誇示元朝和高麗國的關係説：

> 高麗君臣，感戴來朝。義雖君臣，而歡若父子。計王之君臣，亦已知之。

這是高麗國和元朝有君臣關係的原因，這事情，是你十分知道的意思。

> 日本密邇高麗，開闢以來，亦時通中國。至於朕躬，而無一乘之使，以通和好。尚恐王國知之，未審。

這是“日本國因爲在高麗國的近邊，所以早年跟中國，就交際了。可是到我的時代，没發甚麽人來往。你不知道大蒙國的威勢麽？”的意思。

又在末尾，有如下的文字：

至於用兵，孰其所好？王其圖之。

這句是打戰彼此没有利益，所以在我們没攻你們去之前，做一個好意思的回答的意思。

按着在當時，蒙古的勢力看起來，對日本，用這樣的高壓的態度，那是應該的事罷。原來蒙古，是在貝加爾湖的東南，棲息的游牧民族。可是這民族的性質，是很彪悍的。在北條氏執權起初的時候，（十三世紀的初期）成吉思汗起來了。他以偉大的勢力，擴張實力。宋朝和朝鮮，那不用説，中央亞細亞地區、俄國、德國、匈牙利、土耳其和印度甚麽的，大概擴張到歐亞兩大陸的大部分了。可是最後，要求日本納貢。所以送這樣的脅迫的國書，那是當然的事罷。

在當時朝廷和慕府，不是不知道，蒙古的勢力，駸駸的迫著日本的事。可是接到國書的時候，像突然起了一個大事件，就很着慌了。在朝廷裏，整天開會，而且奉告伊勢大廟（供着日本皇室和國民的祖先——天照太神的廟）了。由二月到八月，在全國的神殿和佛閣，全都開始祈禱了。日本全國，就這麽樣的狼狽了。

我們的日連聖人，在那時候，是怎麽側態度呢？又有甚麽連動了呢？聖人在九年以前（文應元年），已經著了《立正安國論》，就預旨這樣的事情了。可是他的預言，現在已經應驗了。所以更要諫諍國家的時候來了。這麽着，聖人跟法鑑（這個人是當時在幕府的權勢家——侍所司平賴綱的父親）會认，就談論了這件事情。又在四月五日，送信與法鑑，指示預言的應驗，就促醒了他們一派的反省。可是架人和法鑑的會見，以及給法鑑的書信，全都没甚麼反響。這麼着，聖人又在八月二十一日，對於宿屋光則（他是在幕府的一個大官，把《立正安國論》傳到北條政府的人），以書信促了《立正安國論》的回答。那封信，如下：

……我著了《立正安國論》一卷，在那論裏寫了，若是没有退治這個（念陴、禪宗等）的時候，國家將被外國破壞的理由，在正元二年（正元二年四月改元爲文應。所以普通說在文應元年七月十六日，呈上《立正安國論》）七月十六日，奉托閣下，把這論呈覽已故的最明寺入道大人了。以後過了九年，現在大家都風評說，到今年從大蒙古國，送國書來的情形等。若是如經文，打他國來攻這國的事，那是一定的。

——與宿屋氏信，六〇七

聖人送給法鑑和光则的信，大概是在閣議席上，就披露了罷。可是對一個無名沙門的過激要求，不能怎麼辦，就擱置了。

以這麼樣的間接的手段，没有成功的希望。這麼着，聖人在十一月十一日，寫十一封的警告書，發送給執權和在幕府的有力家，及御用宗教家。若按照現代說，這是好像把警告書，發送國務員、參衆兩議員和國立大學教授，及各宗派的長老似的。十一封的書，在政界呈上執權時宗、宿屋光則、平賴綱和北候彌源太的四個人；在宗教界，送給建長寺道隆、極樂寺良觀、大佛殿別當（識名），以及壽福寺、多寶寺和長樂寺的七個人。這十一封書的宗旨，大概是一樣的。就是指示預言的應驗，或是論外患的原因，是念佛宗、禪宗等的邪義惡法，或是教攘除外寇的法術，是弘布正法的《法華經》主義，而且要求他們在幕府公堂上辯論了。

把這樣的挑戰書，送到十一個地方了。乂在十一封書裏，都一樣地寫着：

你們聚在一塊兒，商量商量之後，協力的來對抗我日蓮。

現在舉例如下：

……把這個事情，警告各位了。請聚在一塊兒商量之後，賞我回信……

——與北條時宗書，六〇七

……把這個意思，先披露鎌倉大人（執權時宗），以及建長寺甚麼的了。到了兒我要成就本懷，就不如對審……

——與極樂寺良觀書，六一三

聖人這樣寫的意思，是因爲屢次被幕府不顧，所以這次爲防禦那不顧。靠著這個，可以明白聖人周到的用意，和這個事，是誓死的大運動的事。聖人發送十一封書，并且問他的徒弟和信徒，促了誓死的覺悟。現在揭示給他們的信，如下：

關於蒙古國的國書送來的事，已經給各處寫了十一封的書信了。日蓮、我徒弟和檀越，定然被處流罪，或是死罪。可是你們一點也別害怕。我對各人(十一個人),已經說了硬話,那是不中說的,可是這是"面强毒之"的緣故。是我日蓮很希望的事了。你們各各注意罷。一點別想嬌妻和愛子,而且不要怕權威。請這次切斷生死的縛,就成佛果罷。給鎌倉大人、宿屋入道、平賴綱、彌源太(即北條時盛,這個人是執權時宗的叔父),以及建長寺、壽福寺、極樂寺、多寶寺、净光明寺、大佛殿和長樂寺(共十一處)寫了十一封信,就諫勸他們了。一定要發生甚麼事情罷。若是接着他們的信的時候,就可以拿到日蓮這兒來,看一看就成了。

日蓮弟子檀越共鑒

日蓮謹言　印

文永五年戍辰　十月十一日

——與徒弟檀越書,六一七

這不是很壯烈悲痛的書信麽?"定然被流罪,或是死罪。可是你們,一點也別害怕。"這麽凛烈的言語,對於現代的有嘴無心的主義者,有著怎樣的感響呢?在六百五十年以後,我們現在不是還有叱吒的響聲麽?

十一封書的目的,是在公堂對審的。就是把執權們的政府當局者爲審判官,在公堂,跟念佛宗、禪宗等的御用宗教家,仗著辯論,解决教義的邪正和權實。若是日蓮的主義是純正,他們的主義不純正的時候,幕府以日蓮的宗教爲國教,使各宗派的僧侶,捨了他們的宗教,并且北條氏以下,全都成日蓮的大檀越的意思。實在是大規模的誓死的討論。幕府能容聖人的要求,是許在公堂的對審,還是不許呢?就是幕府允許,那御用宗教家,也不肯罷。他們對於聖人的博識和雄辯,膽力和意力,怎麽有能勝的希望呢?一定是失敗的。假使不準對審,也一定會起甚麽事情罷。或是流罪,或是死罪罷？可是那不成問題。原來受迫害，是聖人覺悟的事。遭了迫害，就有了法華經行者的資格。預想着迫害，率然發了最後方法的挑戰書之後，聖人的心裏，是怎麽樣了呢？大概在他的心裏頭，上來下去實行"法華經行者的使命"的爽快感情，和對將來的迫害的雄雄決心，就躍動渾身的熱血了罷。給徒弟檀越書，是十分傳了，在當時的聖人的心理狀態了。

發送這十一封的挑戰書之後，那結果是怎樣了呢？還是没有甚麽反應。竟是爲遮蓋他們自己的非法的謾罵和嘲笑。後米聖人，寫在當時的光景説：

> ……有的罵我的使者，或是欺瞞，或是不收我的信，或是没有回答，或是有回答，可是不回禀執權時宗，這偏不是晋通的事。假使是我日蓮自己的事，可是在爲國主，就執行國政的人，簡而言之，這《法華經》……是教人們政治的根本道法；况且這次的事，若是辦錯的時候，不但是弄出國家衰亡的大事件來，并且生出關於人的大悲嘆來。就是不采用我的主義，那也好罷；可是罵人，那是很刻薄的。因爲這是在日本國的上下萬民，全都成了《法華經》的强敵，經過年月很長久了；所以積大禍、大鬼神，侵入各人的身體裏；而且因爲蒙古國的國書，所以失了正心就瘋了……
>
> ——《聖人自叙傳》，一三八六

没有甚麽反響似的，可是在裏面，幕府和念佛、禪宗等等的人們，是很利害的飛躍了。

到第二年（文永六年）五月，幕府把報熱心的"日蓮主義者"富木、太田、四條等召到"問注所"，審問了。這大概是因爲念佛一黨，

把富木氏們在衙門告下來的結果罷。聖人在他們要上"問注所"去的那一天,送給富木氏的信,如下:

我聽說,"問注所"今天傳兩方的人審問;若是照着你們各位所想的看起來,你們是好像遇見在三千年間開一次的花兒,就結果子的"優曇華"似的身罷?又是把在"西王母"園子裏的桃兒,在幾千年間,要得三次的東方朔的心罷?在一生的幸福,何事能及這個啊?你們關於審判的甲乙,暫且不管,先說出悶念來哪?這是不成的理出,各位是平常日子明白的。可是因爲在駿馬上,也要鞭策的道理;所以今天上衙門去,到了公堂上之後,假使就是相好的,也不要向他說雜言。傳兩造,審判官讀告訴書的時候,審判官不尋問的事,不論甚麼事,全都不要說,就是敵人說罵詈,那也是你們各位當身的事,所巧罵一兩次,假裝聽不見的樣子;若是罵到三次的時候,也不變顏色,也不用粗言,只拿柔軟的話說,偺們都是在一處的同僚,所以在個人和個人,全然没有怨恨的意思罷。又對隨行人和閑雜人們也要十分禁止吵鬧。這樣的事情,以書信寫不了,你們在心裏斟酌斟酌罷。我說出這嬌言來,固然很恐怕,可是爲響應佛經、行者、檀越的三事,成就一事,就說出愚言來的。

富木　　　　　　　　　　　　日蓮　謹言　印
太田　　三位共鑒　　　　　　五月九日
四條

實在這是周到的注意,又照著這遺文,就知道這次的事情,是由武士夥伴們的信仰上的衝突,就起來了。可是在問注所審判的事件,是怎麼辦了呢?那就不明白了,大概是没有特別的事罷。

因爲聖人應驗了在文應元年所作的,《立正安國論》的預言,所以在那一年十二月八日,寫了這個論的跋文,如下:

看在過去的正嘉元年,八月二十三日,戌亥時候的大地震,就考察這個。以後在文應元年七月十六日,托宿屋禪門(光則),奉呈最明寺入道(時賴)大人了。往後在文永元年七月五日,現出大明星來的時候,越發知道這個灾難的根源了。從西方大蒙古國,要襲打日本國的國書來了。到文永六年,又送國書來了。這個事情,己經跟《立正安國論》符合了。按著這個想起米,在未來也是如此罷。這本書是有徵驗的文字。這全都不是我日蓮的力量,單是《法華經》的真文感應我,所致的了。

——《立正安國論·跋文》,六一九

寫這跋文的宗旨,因爲是把應驗《立正安國論》預言的事,留着給未來的世界。在《立正安國論》預言的目的,不但是救濟一個鎌倉時代和一個日本國,還是救濟在未來的萬國和人類的。所以《立正安國論》,是在世界上永遠的預言書。按著這個想起來,在未來也是如此。"這書是有徵驗的文字",這一句是確然說出聖人這樣的抱負來了。

這樣在文永五年十月十一日,發了十一封的挑戰書;可是沒有甚麼反響,空過了六七年。在文永七年十一月二十八日,送給寺條氏的信裏說:

……在過去的那年,我給各位寫過,可是沒有是不是的回答。到今年十一月的光景,又給各位寫過,所以纔有點兒回答的人。大概人心也成了柔软，覺着他們是想起了"是麼"似的。又呈遞"上"（執權）那封信罷。因爲我説過這樣的硬話，所以按照在流死兩罪裏，被處罰的事，是一定的；可是到現在，還没有甚麽事，覺著很不可思議了……

——與四條金吾氏回信，六三五

靠着這信看起來，就覺着在發送十一封書以後，還是有運動，似乎有一點兒奏了功似的。這個運動，也是誓死實行的。這是照着説"按照在流死兩罪裏，被處罰的事，是一定的"，就明白了。對於不遭迫害，反倒覺著不滿足的口吻。在這信裏的後段寫了，如下：

……因爲《法華經》，已經被處流罪了。現在還不處死罪，倒不是我的本懷。所以我要現出某某事（死罪）來，就把那麽的硬話，寫給各位了。我已經到了五十歲了。餘命没有多少，所以我很願意，把在曠野濫捨的身，投在一乘法華的邊兒，追著"雪山童子"和"藥王菩薩"的踪迹，把"仙豫""有德"的名，説入《法華涅槃經》裏，就留在後來的時代。南無妙法蓮華經！

——六三五一六三六

原來"法華經行者"，是具有應該遭流罪，或是死罪的運命。所以若是不遭那樣的難，就不成"法華經行者"；關於這個，在《法華經》裏有明文了，那就是佛陀的預言。聖人已經遭了流罪，可是還不遭死罪。這次若是被處死罪，就能具有真實的"法華經行者"的資格了。所以被處流罪的事，是聖人的本懷。在聖人因爲弘布《法華經》，被處死罪，是比當全世界的帝王，還喜歡的事了。因爲救濟全人類和全世界的《法華經》，就捨朝露的生命，好像拿石頭換黃金，以糞土買大米似的。不能跟像拿金鈎蝦米釣魚似的，所可同日而論的。既然以這樣不乾凈的身體，跟很光輝的《法華經》交易，有多麽的上算呀！

“因爲《法華經》，已經被處流罪了。現在還不處死罪，倒不是我的本懷了。所以我要現出某某事（死罪）來，就把那麽的硬話，寫給各位了。”

這是一定不是好强，或是虛勢的脾氣。這是由《法華經》的信仰，就説出來的真實的絶叫。那走明明白地表示，在龍口死罪時候的聖人的言動。在這樣血腥的緊急的時候，也有優雅的喜歡的事情。那是到了文永八年五月，聖人所愛的在家的徒弟，四條金吾的夫人，産生頭一個孩子了。那時候，聖人多麽喜歡了呢！那是在給四條氏的信裏，寫明白了。關於這事的信，有兩封：一封是産生以前的；一封是産生以後的。現在揭示産生以後的信罷。

我聽説，你得了一個姑娘了。大喜！大喜！并且今天是初八，説那個事（指示釋尊的降誕），説這個事（這姑娘的誕生，也是初八。很大喜的意思），都是所願像張潮似的，又像在春天的野地裏，開了花似的。所以趕快的，給她起名字，管他叫月滿御前（“御前”是在當時對女子的敬稱）……

一定十羅刹女，聚在一塊兒，用産水撫養她罷。啊！大喜，大喜啊！我推量你們的歡喜了。我殷勤地奉告十羅刹女和天照太神們了。因爲最喜歡的事，所以不詳細説，以後再説罷。

——關於月滿御前信，六七二

看這遺文，可以明白了，聖人差不多是像不知道，怎麽樣的半舞足踏似的喜歡。據聖人，覺著最愛的徒弟的孩子，好像是自己的孩子似的。一面向當時的執政北條氏嘲笑説了，“這麽小島的主”的英雄，也一面發露，遇見他徒弟夫人的産生，就雀躍地説，“啊！大喜！啊！大喜！”那麽優雅的情緒了。可是在頂想着，不久將要來的死滅，就仍要打仗的聖人，迎接這樣優雅人生的消息，多們覺着愉快了呢？那是比方像在一邊兒浴着三伏的太陽，一邊兒在熱砂上做活的勞動者，突然看見打他脚下的草裏頭，迸出來的清净的泉水似的，那麽很爽快的喜歡了罷。可是暴風雨漸漸兒的臨近了。聖人的心，越發堅固。在七月十二日，送給四條氏的回信裏説：

> ……好幾樣的大難，雖然像暴雨似的下來，像雲彩似的湧出來，可是因爲這是《法華經》的教訓，所以連苦也不覺着苦了……
>
> ——六八〇

晚秋九月，在龍口的夜半的暴風！那個顛末的事，在下節説出來罷。

八、龍口的法難（下）

對在文應元年，呈上幕府的《立正安國論》，直接的迫害，是在那一年，八月二十七日，念佛行者和在幕府的要人等，以暗殺聖人的目的，火攻他的草庵了。在第二年五月十二日，也是以暗殺的目的，被發往伊豆了。《立正安國論》，是按照佛經，考察天變地夭，預言兵亂的。可是兵亂的先兆，還没有明明的現出來。呈上該論以後，過了九年(文永五　年),外國來攻的先兆,歷歷的現出來了。蒙古國的國書,就是這個了。在那時候,聖人發送了比《立正安國論》更直接的,就是十一封的挑戰書。所以應該惹起甚麼事。在呈上《立正安國論》的時候,就立刻遭了“草庵的火攻”和“伊豆流罪”的水火兩難。可是這次没有甚麼反應,真是不可思議的。可是現在時機切迫,在實事上,四圍的運動,比以前還激烈了。發送十一封書之後,應當立刻遭很可怕的迫害;可是在第二年就是文永五年,和六年、七年,也没遭什麼迫害。這是幕府和御用宗教家們,稍微理會聖人的主張,并且懷著很大的恐怖的緣故。不多的日子,又起來的法難,那是未曾有大規模,并且帶着最可怕的性質的緣故。從文永五年的下半年,到文永八年的上半年,這三年間的静寂,是恰巧在突擊以前,暗中飛躍似的,就是在前邊等著,將要來的一大波瀾的沉默了。從在龍口的斬罪,接著往佐渡的流罪,是在聖人的一生中,最後的法難,并且是最大的法難了。在龍口的法難,那實在是危險的了。好些個捕吏,縛了聖人,就拉到斷頭場去了。劊子手舉起大刀,要殺害聖人的頭了。這個時候,實在是危機一髮了。在這時,若是不起异常的奇迹,就没有救命的法子了。在下邊接著説,這可怕法難的情形罷。

就像以上所説,聖人到如今,有好幾次實行諫諍國家的運動了。其中大規模,而且具體的運動,是在文應元年,呈上《立正安國論》和在文永五年,發送十一封的信。這兩次的運動,是龍口法難的原因。《立正安國論》是遠因,十一封書是近因。因爲發送十一封書,使幕府和御用宗教家的憤恨,就昇到極度了。所以不能不起甚麼迫害。以後,過了三年,就有迫害的動機了。在龍口法難的動機,就是因爲跟極樂寺良觀求雨的祈禱的緣故了。

那個時候，是文永八年，聖人正是五十歲。他的思想和信仰，都是完成的時候。從那一年春天到夏天，非常的天旱，在炎熱的焦地，草木都枯死了，人畜也很渴，都願意要水。那時候，極樂寺長老良觀，（因爲這個人，是以慈善事業爲一生的事業。所以被在鎌倉上下萬民，好像活佛似的崇敬）要打算救濟人民的苦惱，在六月十八日，在極樂寺旁邊兒，稻村之崎海岸，築壇施行求雨的祈禱了。聖人一聽説這個事情，就想起“以良觀房的法力，到底能不能求雨；所以我跟良觀争競求雨的祈禱，就可以把偉大的法華妙力，作爲表示在鎌倉上下萬民的一個法子”了。原來良觀房，是專門辦社會事業的人，而且戒律是他的宗旨。辦社會事業和慈善事業的人們，無論怎麽着，也容易被外面的名譽心束縛住。若不是立足在很確實的信仰，或是主義上，就成了名譽心的囚徒，或是僞善的奴隸。本來良觀是没有宗教的深遠，確實的主義的人。因爲甚麽呢？因爲他的宗教是律宗，而且是小乘律的緣故。他是很注重形式的二百五十戒的持律家。戒律家，也是跟社會事業家一樣，若是不根據很深遠的思想，就容易成了名譽心，或是僞善的囚徒。按着這個地方看起來，良觀房是在外面假裝二百五十戒的威儀，而且很努力地做救濟社會的事業；又柔和，又忍辱的活佛了。可是在内面，不過是被名譽心，囚住的一個可憐的僞善家；所以粗緣北條氏的太夫人們，以隱險的法子，迫害聖人了。這事在聖人的遺文裏，各處都有。對於這樣名譽心很大，并且隱險的僞善家，拿求雨的祈禱似的，公開的勝敗，就撅良觀的鼻梁兒的事，實在是痛快極了。在聖人這樣夾雜揶揄和戲謔的求雨的競争，是很有趣兒的事情了罷。可是這個，成了最可怕的，龍口法難的導火綫了。

聖人聽説，良觀開始求雨的祈禱，就打算“這雖然是個小事情，可是日蓮，要順便叫 大家知道，我的法驗”，就立刻打發人，上良觀房那兒去，跟他提議了，如下：

……貴僧若是在一個星期内可以求下雨來，我日蓮就捨了我所説的“念佛無間的法門”，願拜在良觀上人的門下當徒弟受持二百五十戒。若是求不下雨來的時候，就顯然的知道他持戒的樣子是大誑惑……

——賴基陳狀，一六〇八

聖人又召良觀的弟子，周防房和澤入道來，告訴他們説：

……貴僧和入道，是良觀的弟子，又是念佛行者。到如今你們還不采用我日蓮的法門，所以用這個事要賭勝敗。若是在一星斯内下雨，你們可以想仍用你們本來所信的“八齋戒”和“念佛”能够往生；若是不下雨，你們全都得成《法華經》的信者……

——賴基陳狀，一六〇八

這麼着，他們倆很喜歡，就把這個事情告訴他們的老師傅良觀了。良觀聽了這話，也很喜歡，就打算在一個星期之内，一定求下雨來，就可以降伏日蓮了。在聖人的遺文裏，寫那時候的情況説：

良觀房喜歡的，都哭了。他就打算在一星期之内求下雨來。

照著這遺文看起來，那時候，良觀房是很喜歡的樣子。良觀打算要打倒他平常所恨的日蓮，就一心不二的，施行求雨的法術了。可是已經過了一個星期，連一點兒雨也不下；反倒炎熱赤地，比以前還厲害，萬物都是仰望雲霓。聖人寫在那時的情形說：

> ……他就打算，在一個星期之内，求下雨來，就跟他的徒弟一百二十多人，聚在一塊兒，或是念佛，或是念請雨經，或是念《法華經》，或是講演“八齋戒”了，這麽種種的祈禱了。所以打他們的腦袋，冒熱氣，他們的聲音，都震動了天地了。可是到四五天，一點兒也没有下雨的樣子，所以他們都丢了魂了，就招聚多寶寺的徒弟，好幾百名來，極力禱告；可是在這七天裏，一點雨也没下……
>
> ——賴基陳狀，一六〇九

這麽着，聖人到了第七天不違約，從早起，三次打發人，逼迫良觀説：“下雨麽？”可是在天上，也没有一點的雲彩。在地上越發的熱了，而且颳了很大的熱風。所以聖人，又打發人告訴良觀説：

> ……這是甚麽緣故？連叫泉式部的淫女，和破戒僧能因法師，也因爲做了狂言、綺語的三十一個字兒的詩，就忽然把雨求下來了。可是持戒、持律的良觀房，研究了法華和真言的真理，而且人説，是慈悲第一的上人，這麽高德的貴僧，統率好幾百名的徒弟，求了七天雨，還不能求下來。這是怎麽個緣故呢？按著這個事情看看罷，不能過一丈寬的溝的人，怎麽能過兩丈寬，或是三丈寬的溝呢？既然連這很容易下的雨，也不能求下來，况且那很困難的成佛，又怎麽成呢？這麽着，從此把恨我日蓮的邪見，飜然的改變罷。若是想後生可怕，按著預約，趕快這兒來罷，我教給您求雨的法術和成佛的方法罷。因爲在

七天裏不下雨的緣故，所以旱魁越發利害，而且八方的風，愈發颳起來了，人民的悲嘆，越發深痛了。趕快的停止那祈禱罷……

——賴基陳狀，一六〇九

這樣是很激烈的侮辱。在那時候，隱險的僞善家良觀，怎麽樣了呢？聖人把那時的光景，描寫得彷彿是像在眼前看著似的了，如下：

……第七天申時（下午四時），據真實的報告我，良觀房流了泪了。他的徒弟和檀越，全都大呼悔恨了……

——賴基陳狀，一六〇九

照着這遺文，良觀看著很愛哭似的。在這祈禱的起初是哭，在完了的時候也哭。活佛這麽像女人似的哭，實在難受。可是良觀除了哭之外，也許没有别的法子罷；然而悔恨得要死的良觀房，不但是哭，又在裏面計劃激烈的陰謀了。在遺文裏說：

……若是良觀房想他的身上的耻，就遁迹山林，或是按箸公約，成我日蓮的徒弟，顯着有點兒道心哪；可是他没那麽辦，反倒造了無限的讒言，就想使幕府處我日蓮斬罪了。

——賴基陳狀，一六一〇

在這樣的情形下，若是在普通的人，那是很可耻的事，一定不再出世了，那是應當的。或者，若是有一點兒宗教的良心，應該立刻成聖人的徒弟。可是良觀不但没這麽辦，反倒越發成了聖人的法敵了。他真是個不能濟度的“僭聖增上慢”！

這麽着，良觀同净光明寺行敏商量好了，就到聖人那兒去，要求辯論去了。本來因爲良觀學問不大，所以跟聖人不能相鬥；可是行敏有一點學問，所以良觀就煽惑行敏，到了七月八日，叫行敏送了挑戰書来。那書如下：

雖然我同貴僧還没见過面，可是事件的順便承問，這是一般的習慣罷。若是像風傳似的，貴僧所立的道義，是很奇怪的。貴僧説：佛陀在法華以前講説的一切諸經，那都是妄語，就是不出離生死的法，這是第一問。大小的律戒，是誑惑世俗，使人們墮在惡道的法，這是第二問。念佛是墮在無間地獄的法，這是第三問。禪宗是天魔的法，若是修行這法，就增長了惡见，這是第四問。若是貴僧真這麽説來的，那是佛法的仇敵。這麽着，我要跟貴僧見面，説破貴僧的惡見。若是没有這樣的道義，受這惡名，怎麽不傷心呢？關於是非，請詳細的對我表示罷。

日蓮阿闍梨方丈

僧行敏謹言　印

七月八日

聖人接了這封挑戰書，就在本月十三日，寫信回答他説：

關於貴僧，提山來的幾條不明白的事情，我不能實行非公式的辯論，那麽請貴僧上奏幕府，隨著幕府的命令，調察是非罷。我甚希望下這樣的命令來。特此敬復。

行敏方丈

日蓮　押

七月十三日

不用說，良觀和行敏的意思，是在没有秩序的私設辯論場，仗著人多，用暴力要勝日蓮了。若是正正堂堂的辯論，他們自然不是聖人的敵手。所以他們受了這樣的回答，就預想錯了。這麽着，公然用行敏的名字，寫了一張訴狀，就呈送執政了。這就是公然呈送的讒訴書。這訴狀，是很長的，并且那文章做得好。現在摘録這個訴狀的内容，如下：

第一，平常日蓮公然敢說："斬了在嫌倉念佛、禪律等的僧侶的頭，挂在由井之濱示衆。若是不然，日本國不太平。"

日蓮他比提婆達多還慘酷。他又說："若是不放火燒了極樂寺、壽福寺等的名刹，日本國就要滅亡。"

這比守屋（物部氏，他是佛法頭一次從朝鮮傳導日本的時候最反對了）要破滅佛法還利害。

第二，日蓮說："時賴大人和重時大人，都墮在地獄了。"

第三，在日蓮的草庵裏，貯藏兵器，并且招聚兇徒，對於北條氏籌劃叛逆。

所以我們請幕府，審問日蓮的一黨，就處罰他們罷。

以上是訴狀的大要。幕府看了這個訴狀，總得想一個甚麽好法子辦理。這麽着，在九月十日，幕府傳聖人到"問注所"，就審問他了。

問："你說過斬僧侶的首級，和燒他們的廟了麽？"

答："是，他們捨了佛陀要救濟末法時代，特意遺留下的《法華經》，反倒流通這樣禪念佛似的，不合末法時代的國家和人類的經典。

所以他們是亡國奴，并且是使人民受苦的兇徒。我爲日本、爲萬國、爲一切衆生，敢説斬他們的首級，和燒毀他們的寺。”

問：“你説過重時和時賴大人，都墮在地獄了麽？”

答：“這事情，在時賴大人在世的時候，當面跟他説過，并不是私下説的。”

對於這個回答，那麽權勢無比的北條氏也驚訝了。

問：“我聽説，你在你的屋子裏貯藏好些個兵器，是真的麽？”

答：“没有那麽多，可是在我的屋子裏，確有一把大刀。”

問：“宗教家，爲甚麽要大刀呢？”

答：“在末法時代，弘布《法華經》的人，一定要遭迫害。這是佛陀在《法華經》裏説過的明文。所以我日蓮，爲防禦這迫害，纔貯藏大刀了。就是爲了守護《法華經》的。”

這實在是大膽不敵的回答，都是一點兒没有模糊的答話。幕府對於這樣旁若無人的聖人的態度，想必也很驚訝罷。這麽着，幕府商議，就决定了不能許日蓮的生存。可是那罪名定“他是訛佛法亂政道的人”了。這都是因爲良觀和行敏們運動的結果。

到十二日，聖人寫一封信，跟《立正安國論》一同，送給平賴綱，就是要求幕府，信服日蓮的正義。“一昨日御書”，就是這個信。

聖人在他的一生裏，諫諍幕府三次。第一次，是在文應元年，呈上《立正安國論》了。第二次，就是這次的書信。在文永十一年，四月八日，打佐渡島回到鎌倉的時候，在北條執政府裏的諫諍，就是第三次。這叫“三次的諫諍”。其中，以這次的諫諍爲最激烈。

聖人的這樣的態度,使平賴綱很生氣,他就自己逮捕聖人去了。

在九月十二日晚上，平賴綱要打算，逮捕國事犯的惡僧日蓮，他自己爲總司令官,身上穿鐵甲,頭上戴烏帽子,很有威風,帶領好幾百名捕役,就襲擊在松葉之谷的草庵來了。看這平賴綱，就僅因爲捕一個和尚,用這樣大的規模來,就可以明白平賴綱很怕聖人的情形了。他想聖人要打倒北條氏,有十分的兵備罷?或是害怕聖人的法力罷?或是他自己不能够聖人的人格，生出害怕的心了罷?那先就不討論了。僅爲逮捕一個法師,用這麼樣的辦法，是好像小孩子似的。原來在聖人，差不多没甚麽抵抗的預備，簡直的没有那個意思。那時候,聖人立刻把“隨身佛”和《法華經》抱在懷裏,泰然自若，由庵室裏看着來攻的軍勢。聖人看了這樣的光景，存甚麽感想了呢?在他的遺文裏,如下:

……我日蓮看這個樣子，就想:向來盼望的事，就是這個!幸福啊!因爲《法華經》就捨身子!若是我被斬首，就像是拿沙土換黃金，拿石頭易珍珠似的。

——《聖人自叙傳》,一〇三六

在聖人聽來，劍戟的響音，好像是完成自己的歡喜的曲子罷。又聽叫喊的聲音,好像是他們將要滅亡,就發出來的哀嚎罷。聖人拿這樣的心，任他們的隨意行動，就默然地端坐在庵室裏頭。那時候,一個捕役(賴綱的家丁)跑來,由聖人藏在他懷裏的《妙法蓮華經》八卷裏，抽出一卷來，就很用力地打了聖人的臉。剛纔默然坐著的聖人，因爲這狼藉，就很生氣了。天禀激烈氣性的聖人，大概要奪回那卷經典，就要打那個家丁罷。可是一看那卷經典，是《法華經》第五卷。立刻他心裏就靈機一動，又成宗教的感想的人了。就是他想：“在第五卷裏的《勸持品》，有‘常不輕菩薩’的很悲壯的誓願。那個誓願說：‘若是在末法時代，弘布《法華經》的時候，被拿棍兒打，或是被發往海島，而且連首級也斬了，可是安然忍受這些個苦難。’剛纔我被打的是第五卷，這是多麼不可思議的因緣啊！多麼喜歡的事啊！我是真實的法華經行者！上行菩薩的轉生！”那時候，接着嘩啦的一下子，跑上來的兵十們，把聖人的《法華經》全都撕破了，而且蹂躪不堪，還把佛檀、佛具甚麼的，都亂打毀了。到那時默然的聖人，站起了他的魁偉的身體，就高聲的絶叫說：

> 哎呀！很可笑！各位看看平賴綱的發瘋！現在正要打倒閻浮提的柱子了！
>
> ——《聖人自叙傳》，一三九一

連這麼野蠻的兵，也怕聖人的威力，當時臉色大變，那麼着慌了。可是原來他們是奉着官命來的，人數兒也多，又有兵器。空着手的聖人，到了兒被捕了。

在這次逮捕聖人的事，北條宣時是執行長，平賴綱是逮捕長。可是逮捕聖人之後，關於處罰他，是怎樣決定了呢？那是在表面定了發往佐渡島的罪名；可是在裏面，打算就在龍口暗害的。這是從古以來有把僧侶，不處死刑的習慣。在聖人又没有被處死刑那樣的罪科。這麼着，因爲是在表面尊重“式目”，并且以公正爲宗旨的北條氏，所以用了這麼樣的辦法了。

按着重罪人被逮捕的聖人，被他們騎在瘦馬上，好些個兵，圍繞着他的前後左右，嚴重的護衛，就往鎌倉裏，游街去了。

這麼着，出了若宮小路，接着拉到八幡宮前邊的赤橋地方，聖人突然大喝說：

在最後我有一個奉稟八幡菩薩的事情。

——《聖人自叙傳》，一三九二

就立刻下馬，向八幡宮發喊大聲音了。那時候，圍繞着的兵士們，都怕了聖人的威勢，很是進退兩難；群集的人們，都持滿不發的，瞅着聖人了。

喂！八幡大菩薩！你是真神麼？

我日蓮是在日本第一的法華經行者，而且我的身没有一點錯兒。這法門是我要救濟，在日本國的一切衆生，因爲誹謗《法華經》，所以要墮在無間大城的，就講説給大家的法門。又若是從大蒙占國來攻這國的時候，連"天照大神"和"正八幡"，也可以安穩麼？而且因爲釋迦佛說出《法華經》來，所以多寶佛，和在十方的諸佛、菩薩，聚在一塊兒，就好像擺着太陽和太陽，月亮和月亮，星星和星星，鏡子和鏡子似的，那麼莊嚴了；而且無量的諸天，及天竺、漢土和日本國等的善神聖人，都聚在一塊兒了。那個時候，因爲釋迦佛說："你們都提出各自不粗忽法華經行者的誓狀罷。"所以你們一個人，一個人立了誓書了。這麼着，我日蓮不用說，應該趕快的完成誓狀的宿願。可是怎麼到這兒來，遇不見我呢？

日蓮今兒個夜裏被斬首，就上靈山浄土（久遠本佛常住的地方，就是婆羅世界）去的時候，我要先斷然回稟教主釋尊說："天照大神和正八幡，就是不實行誓狀的神了。"

若是覺着苦痛，趕快的辦就是了。

——《聖人自叙傳》，一三九二

他這樣絶叫之後，又騎馬走了。本來這“鶴之岡八幡宫”，是保護北條氏的神仙。在鎌倉上下的人們，很尊敬這位神了。可是聖人向這位神，高聲的叱責了。所以大概兵士和群衆，都呆然自失了罷。先有向捕役的大喝，現在又有對於八幡宫的諫諍；所以警護的兵士們，已經被聖人的威力所震，就生出恐怖心了。

這麽着，出到由井之濱，過“御靈社”前邊的時候，聖人打發跟着他的小孩子熊王麿，上四條金吾弟兄那兒去，把這遭難事的原委，告訴他們，四條弟兄四人一聽這個事情，就很驚惶的跑來，看著零落的聖人的聖姿，就極聲大哭了。這麽着，聖人教諭他們説：

……我日蓮今天夜裏被斬首去。這五六年以來很願意的事，就是這個了。在這娑婆世界，若是生爲野鷄的時候，就被鷹拿去。苦是生爲老鼠的時候，就被猫吃了。或是生爲人身也爲妻、爲兒子、爲敵人，捨身體的事，比在大地上的微塵還多；可是因爲《法華經》捨身的，一次也没有。這麽着，我日蓮是生來一個窮人，孝養父母不滿意，而且没有報國恩的力量，所以我要這次，拿我的首級奉獻給《法華經》，以那功德回向我父母。又要以那餘剩的功德，分給我的徒弟和檀越們了。

——《聖人自叙傳》，一三九四

若是以這個不定的生命，奉獻給救濟全世界和全人類的偉大宗教的時候，那個生命，就成永久光輝的生命了。若是因爲這麽樣的動機，雖死也無恨了。這反倒是很高尚的死。現在這個聖訓，是“我好幾次到這世界生出來了，可是一次也没有做這麽好的死法。向來我很願意爲《法華經》捨我的身命，可是永没達到；現在已經達到成本望的時候了。没有這麽歡喜的事，所以并不悲嘆”的意思。

在往龍口去以前，還没下處罰聖人死刑的宣告；但是宜告處罰流罪的事了。可是聖人，十分的知道，在表面是流罪，所以聖人後來，寫這個情形説：

> ……我聽説在外面處罰找流罪，可是在裏面，已經定了斬罪的。我打先頭裏，推量這個事情，所以……我不惜言語，把以前已經有的事，又把以後應當有的事的景況，十分的説給平金吾（即四條金吾）了。
>
> ——與下山氏信，一五七六

又到了龍口的時候，聖人的感想是如何呢？

> ……我想施刑場，是這兒罷。想得真不錯，兵士們繞着我就叫嚷了。所以……
>
> ——《聖人自叙傳》，一三九四

看這遺文，也可以明白在實事斬罪的意思。那時候，四條金吾，推察這事情的黑幕，就想着“因爲這是在今生跟聖人的離别，所以隨着聖人，往龍口去。若是聖人被斬首的時候，我要自己豁肚子，就隨着聖人到一靈山净土”去了。拉着聖人騎的馬的轠繩，跟着上龍口去了。聖人對於四條金吾的這麽真實的精神，有多們喜歡了呢？那是從那一天，又過了九天，聖人給四條氏的信裏，寫明白了，如下：

……唉！唉！在遍去的十二日，我遭難的時候，你跟着我到龍口來，而且說過要豁肚子（殉聖人）的事，這是實實在在不可思議，没有可形容的話了！

——與四條金吾氏信，六八九

從那一年起過了六年之後，聖人又在給四條氏的信裏說：

……回想！回想！在現在也不能忘的事，就是我將要被斬首的時候，你隨着我，拉着轡繩，慟哭的事了！這事我那世可以忘呢！假使你的罪孽深重，就入到地獄，那個時候，釋迦佛，不論怎麼要叫我成佛，我也不奉命，就跟您一樣下地獄去。若是我日蓮同您一瑰兒入到地獄，釋迦佛和《法華經》，怎麼能不在地獄呢？

——與四條氏回信，一六四四

聖人對於四條氏這樣的態度，有多麼的感激呀！那時候，在聖人的弟子和信徒裏，被捕的人不少；或是有害怕後難，就逃藏的人或是降服敵人的人了。所以跟着聖人，到龍口去的人裏頭，有名的信徒，覺着竟是四條金吾弟兄四人。在這樣四面楚歌裏，金吾弟兄柔和的精神，有多麼影響了在聖人的心琴呀！

這麼着，浴着寂寞秋夜的月光，過了波浪的聲音很高的七里之濱，就到了最可怕的片瀨龍口的時候，大概是夜裏兩點鐘的光景罷。

他們來到聖人“想施刑場，是這兒”的地方的時候，兵士們繞着聖人就叫嚷了。所以那麼定了殉教的覺悟的四條金吾，也看著是萬事休矣，就哭着說：

唉！不好了！

——《聖人自叙傳》，一三九四

可是聖人莞爾地教諭他們說：

你們怎麼没打斷念呀！樂這麼大的歡喜罷！你們怎麼違了誓約了呢？

——《聖人自叙傳》，一三九四

聖人是怎麼這麼剛氣的人呀！若是晋通人，被拉到施刑場的時候，差不多都要失神落魄。可是聖人説："樂這麼大的歡喜罷！"假使聖人在有宗教的感激的時候，可是那麼大的膽子，不是平常人想得到的。

這麼着，劊子手看着，若是發生甚麼妨碍的事，那不行，就立刻拿一把大刀，走上前去，站在聖人的後邊，把那大刀舉在聖人的頭上，將要砍他的首級的時候，忽然起了一個很大的奇迹。

……打江之島方面，好像月亮似的，那麼很亮的東西，現出來，像球兒似的轉轉着，打辰巳（東南）的方向飛來，往戌亥（西北）的方面落下了。正是在十二日夜裏的黎明，人們的臉都看不見，可是因爲那個東西的光，差不多像月夜似的，所以能看見人們的臉。那時候，劊子手眩了眼睛，就躺下了。兵士們很害怕，就跑開三十多丈遠，或是有由馬背上下來就跪下的，或是在馬背上蹲着的……

——《聖人自叙傳》，一三九四

很大的亮光的東西，打東南往西北落下去的事，不知道是甚麼自然規象呢？可是那不用說了。劊子手、官員和兵十們，全都受了非常的恐怖，那是一定的。劊子手躺下，警護的兵士都跑開甚麼的，是很着慌的樣子了。那時候，聖人就高聲的催了他們說：

你們怎麼了？爲什麼離開，這麼大罪的人呢？近近的來呀！近近的來呀！

——《聖人自叙傳》，一三九四

可是誰也不往聖人的傍邊兒來。這時候，漸漸兒的天亮起來了。這麼着，聖人又以高聲音，叫他們說：

喂！怎麼了？若是要斬我的頭，趕快砍罷！天一亮，很不好看的！

——《聖人自叙傳》，一三九四

可是没有一個人，答應的。這麼着，賴綱們，要打算在龍口，秘密的斬殺聖人的籌劃，想不到因爲這樣的事情，就成了畫餅了。過了半天，有一個官員對聖人說：

請您上相州裏的依智，本間重連邸宅去罷。

所以聖人又騎上馬要走，可是受了异常恐怖的警護兵士們，全都怕聖人，不敢到他的傍邊來，所以聖人問他們說：

怎麼走好呢？我不知道上依智去的道兒。

那時候，有一個兵士，告訴聖人說：

打那條道兒去罷。

這麼着，聖人的一行，就上依智去了。正午前後，纔到了本間氏的邸宅。關於當時的景况，在《聖人自叙傳》裏說：

……過了半天，有一個官員說："請您上相州的依智去罷。"我說："我們不知道上那兒去的道兒，你們給我們带道罷。"可是没有一個人帶道的，所以我們歇會兒了。那時候，有個兵士說："那就是上依智去的道兒。"這麼着，我們就順着這道兒去了。到正午的光景，纔到了那個叫依智的地方，就進本間重連宅裏去了。

——《聖人自叙傳》，一三九五

這本間重連，是北條宣時的領主，佐渡地方的管理人。這麼着，聖人等着由鎌倉的命令來，就被寄住在本間氏的宅裏了。

九、從依智到佐渡

逃離了虎口的聖人，到了十三日正午的光景，進到相州的依智，本間重連宅裏了。那時兒，本間氏没在家，所以他的家臣右馬太郎，就承辦招待聖人，等着由鎌倉的命令了。不大的工夫，打鎌倉的使者，帶着一道命令書來了。那命令，是“小心看待他”的意思。

> ……重連的家臣們，承辦看守了。重連也回來了。那一天戌刻的時候，執權的使者，從鎌倉帶着命令書來了。兵士們看着，“這個人，是帶着第二次的斬首命令書的使者。”那時兒，重連的代表，叫右馬之亟的人，拿命令書跑來，就跪下說：“我想着大概是今兒個夜裏（斬日蓮的頭，是今兒夜裏的事）罷。”哎！可怕呀！可是這麼喜歡的命令書來了。那個使者說：“武藏守（北條宣時）大人，今天卯刻的時候，上熱海的温泉去了。萬一有性急的人殺害他，那是不成，所以先跑到這兒來了。”那個使者，由鎌倉跑到這兒來，有兩點鐘的工夫。使者又說：“我要今天夜裏，跑到熱海的温泉去。”說着就走了。副狀說：“這個人，是没有罪科的人，我打算不久赦免他。所以傷害他，很有後悔。”……
>
> ——《聖人自叙傳》，一三九六

這個事件，纔算完了，所以警護的兵十們，放了一點兒心。不大的工夫，天黑了。打那兒的山上，很圓的好大的月亮出來了。隨着慢慢兒的到深更，月光越發清澄，很可愛，無論天上和地下，都流滿了清净的光了。這月亮，昨兒夜裏很寂寞的照著，打七里之濱走的死罪人的一行，可是今兒晚上，清澄静静的照著，這依智的草地。連警護的兵士，也不能没有點兒感概。況且在聖人呢？他就站在月光玲瓏的院子裏，念了《自我偈》（《法華經·壽量品》偈文）。

那時候，現出一個不可思議的空中現象來了。關於這個事情的遺文，如下：

……那天晚上，是十三日。好幾十個的兵十們，并列在屋子旁邊和院子裏了。正是十三日夜裏，所以月亮很好。這麽着，我出去大院子裏，向月亮奉誦《自我偈》之後，大概説諸宗的優劣和《法華經》的經文，并且詰責地説："現在月亮，是并列過《法華經》會座的'名月天子'，就是在《寶塔品》，受了佛勅；在《囑累品》，被佛陀所撫你的腦袋，就立了誓狀説：'如世尊勅當具奉行'的天。若是没有我日蓮的時候，那誓狀就成了虚空罷。現在既然這樣的事起來，你喜歡就立刻交替'法華經行者'的大難，遂行佛勅，就現出誓言的證驗，纔成哪。現在怎麽没現出證驗呢？這很奇怪啊……假使没有證驗，也拿着看很喜歡的臉，清澄着是怎麽樣呢？在《大集經》説：'日月不現明。'在《仁王經》裏説：'日月失度。'又在《最勝王經》裏説：'三十三天各生瞋恨。'月天如何？月天如何？"所以大概是對這個詰責的證據罷。從天上像星辰似的，那麽大的星星落下來，掛在前邊的梅樹枝兒上，所以兵士們，全都從外邊廊子跳下，或是在院子裏躺下，或是跑到房子後邊去了。不大的工夫，天陰起來，又颳起大風來了。所以嗚響江之島的海，就震動天上，好像打太鼓似的。

——《聖人自叙傳》，一三九六

這是甚麽自然現象呢？我們是不能研究的。可是這事，使守衛的兵士們，起了恐怖的心，而且給了聖人"月天子"守護他的信念，這是一定的。到了九月二十一日，聖人把這事寫給四條氏了。如下：

……在三光天子裏頭，月天子變成明亮的東西，現出來，在龍口救了找的命了。明星天子，四五天以前下來謁見日蓮了。現在竟剩了日天子。我想定然能守護我罷。

可靠！可靠！

——與四條金吾氏信，六九一

若是竟拿現在科學的腦子考察，因爲在地球上住的一個人，月亮就轉飛，星星就下來，這實在是荒唐不稽。可是按着把宇宙全體爲舞臺，并且在《法華經》的理想裏，生活的聖人看起來，這樣的空中現象，起了在聖人的意識上的事，這是必定不是不講理的。從龍口到佐渡的時候，他明明的决定了。法華經行者的自覺，和上行菩薩轉生的確信。以下要詳細地討論這個事情。

聖人這樣愛在依智，静寂的秋天，過了宇宙法界大的内面生活，可是在聖人的心裏頭，一天一刻，不能不想，爲自己遭難的弟子和檀越們。這麼着，到了依智之後，過了九天，就是元月二十一日，給四條金吾寫信了。在那信裏説：

屢次賞我信，不能拿言語形容的。唉！唉！在過去的十二日，我遭難的時候，您跟着我到龍口來，而且説過要豁肚子的事，這是實實在在小可思議，没有可形容的話了……

——與四條金吾氏信，六八九

聖人最愛的徒弟日朗以下四名，被拘禁在鎌倉裏佐介之谷，宿屋光則住宅，後邊的土牢裏頭。在十月七日，就定下發往佐渡的罪了。這麼着，聖人在未動身的前四天，就是十月三日，給他們寫了離别的信。如下：

本月七日，我要上佐渡島去。因爲各位修行《法華經》一部，所以回向我，并且奉回向备位的父母、弟兄、存亡們罷。因爲今兒夜裏，感受的寒氣，所以我越發覺着你們的身上，比我的身體還悲慘，很難受的，没有可形容的話了。若是能出牢，明年春天，一定來呀！再會，再會。

——與土牢五人信，六九一

可是不知道因爲甚麽？起身遲延了三天，就定規了在十月十日了。這麽着，聖人在頭天晚上，又給日朗一封告别的信。如下：

明天我要上佐渡島去。我連關於今天晚上的寒氣，也很想到你們在牢裏的情形，那是很難受的。唉！因爲你是把《法華經》一部，在色心（色是肉體，心是精神）二法，都實行的人；所以你是可以濟度你的父母、六親和一切衆生的人。别人念《法華經》，在嘴裏雖然念着，可是在心裏不念；在心裏頭念，可是在身體不念。你在色心二法，都念了，就很尊貴了。因爲在《法華經》裏説："天諸童子，以爲給仕，刀杖不加，毒不能害。"所以没有特别的事。若是能出牢，趕快來呀！再會，再會。

——土牢書，六九五

這是多麽濃厚的愛情呀！在一方面，跟宇宙法界一同呼吸的聖人，也是在一方面，有這樣優雅感情的人。

到了十月十日（陽歷十二月十三日），聖人被守衛兵士們，閙繞着，就打依智起身了。過了颸秋風的武藏野，越了上州的碓冰之嶮，過了信州的高原，進入越後的大平野，日子不多，就到了寺泊港。那時候，正是十月二十一日，初冬的雪已經覆蓋在大地上了。

在前邊有强風激浪的日本海，在雲煙模糊的那邊兒，纔可以見一座海岛。這就是現在，正要過的佐渡島。聖人眺望激浪，要洗天上似的那麼悽愴的光景，就起了甚麼感慨呢？到了寺泊港那天的第二天，報給富木氏的消息，如下：

> 本月十日，打相州愛甲郡依智鄉動身，到了武州久目河鎮店，以後過了十二天，到了越後的寺泊港。我要從此過大海上佐浪島去，可是風向不定，不知道起身的日期。在道中的困難，是在心裏想不到的，和拿筆寫不了的。所以您就推量推量罷。又因爲本來這是覺悟的事，到如今不要嘆息，所以止於此了。在《法華經》第四卷（《法師品》第十的經文）裏説："而此經者，如來現在，猶多怨嫉，況滅度後。"在第五卷（）《安樂行品》第十四的經文）裏説："一切世間，多怨難信。"……
>
> ——寺泊書，六九七

這麼着，等着六天的工夫，纔有順風，到了二十七日，就開船了。到這兒，暫時止住諫諍國家和折伏諸宗的外面運動，就要完成自家信條的有條理的發表，那就是内面的事業了。

著者在這本書裏，把聖人的一生，分爲四個時代：第一是預備時代，第二是鎌倉時代。這兩個時代已經講演完了。從此要説第三個佐渡時代的三年的事情了。可是從龍口到佐渡之間，若是按著地方説，從依智到寺泊港，就是自九月十三日，到十月二十七日的一個半月，是介在二期和三期之間。就是一面爲第二期的結論，一面爲第三期的序文。按着這樣的意味，再要講説，在這一個半月間的聖人的生活。

離開匆忙的地方，移居幽静的境域，從晚秋到初冬，一個半月的生活，是在聖人思索和冥想的時候了。他三十二歲，起初在故鄉，開教以來，到現在五十歲，共總十九年的工夫，因爲弘布法華，和諫諍國家，所受的怨嫉和迫害，一定可以做思索的好資料。聖人已經過了按著《勸持品》的體驗者的試練，所以越發高起“本化上行的自覺”來了。就是在松葉之谷的火攻，在《勸持品》的“三類之强敵”裏頭，“俗衆增上慢”和“道門增上慢”，二類的迫害了；可是第三的“僭聖增上慢”還没現出來。但是往伊豆的流罪，還不當在《勸持品》裏，“數數”的兩個字。可是到了龍口法難的時候，到了兒良觀，和道隆們的“僭聖增上慢”，也現出來，又靠着發往佐渡，色讀“數數”的兩個字了。體驗《勸持品》的人，是在末法時代的法華經行者，而且是順應上行的使命的人。從天高氣清的秋天，到初冬的一個半月之間，聖人大概是回想已過的生活，越發高起了上行菩薩的自覺，并且預備上佐渡島去之後，將要發表的他自己的信條罷。這麽内面的生活，明明現出，在這期間的書信裏了。現在引用那一兩封信，證明這個事情吧。

聖人在滯居依智的時候，據在十月五日，寫給太田、曾谷、金原，三個人的信，論了在《法華經》裏的預言，即所謂在末法時代，法華經行者的多難的生活，就是日蓮一個人，實行這個的意思。如下：

> ……在《譬喻品》裏説：“見有讀誦，書持經者，輕賤憎嫉，而懷結恨。”在《法師品》裏説：“如來現在，猶多怨嫉，况滅度後。”在《勸持品》裏説：“加刀杖，乃至數數見擯出。”在《安樂行品》裏説：“一切世間，多怨難信。”
>
> 雖然這些是經文，可是不知道到何世，實現這樣的事。就是在過

去的不輕菩薩，和覺德比丘們，看着以身體實行此等的經文。現在不論在“正”“像”二千年的事情。入到末法時代，在日本國，竟是我日蓮一個人罷？

——《轉重輕受法門》，六九四

“竟是我日蓮一個人罷？”這一句話，是很要注意的。又在那月二十二日，由寺泊港寫給富木氏的最後書信裏，還明明地說：

……在《勸持品》裏說：“諸無智人，惡口罵詈。”我日蓮應驗了這經文。你們怎麽不信這經文呢？“及加刀杖者……”日蓮已經念了這經文。你們怎麽不念這經文呢？“常在大衆中，欲毁我等過。”“向國主、大臣、波羅門、居士……”“惡口見顰蹙，专數數擯見出。”“數數”是好幾次。我日蓮被擯出是好幾次，被處流罪是兩次了……

——《寺泊書》，七〇〇

在這裏努力説，他自己的生活，跟在《勸持品》的預言符合，并且諷示在《勸持品》裏，誓約了忍受迫害的菩薩，就是日蓮自己了。

……在現代已經有“三類之敵人”，可是若八十萬億那由陀的諸菩薩，一個人也不見的時候，好像乾潮不滿，虧月不滿似的。若是水澄，可以使月亮漂浮；稺樹，可以使鳥兒棲止。我日蓮，按着八十萬億那由陀的諸菩薩的代官，就説這個。所以我是蒙那諾菩薩的守護的。

——《寺泊書》，七〇〇

在這遺文裏説，“按著代官”，又説“蒙守護的”，是自任迹化菩薩的代官；可是在實事這就是日子不多，稱呼本化上行的前提。那是等着將來在佐渡，開顯本化的緣故。

聖人接著由伊智，到寺泊港的天高氣清的秋氣，就入了思索了。這思索，在北海的孤島，在佐渡的冰雪裏，又結晶成甚麽寶玉了呢？

第三章　佐渡時代

一、塚原的冰雪

從此以下，就要講説，聖人日蓮一生的正宗分，就是在佐渡三年的生活和事業。可是把他在佐渡三年的期間，可以分爲兩個部分。第一是起自文永八年的末期，到文永九年年底的一年兩個月。這是在佐渡的序文，并且是在鎌倉時代的結論。在這期間的中心事業，是文永九年二月，埋在塚原的冰雪裏，預想着自己的死，就著了《開目鈔》。這是最明顯的證明，在佐渡以前的法華經行者日蓮的書。

第二是起自文永十年一月，到十一年三月，被赦免流罪的一年三個月。這是在佐渡的正宗分。在這期間的中心事業，是在文永十年四月二十五日，浴着一之谷的春光，懷着洋洋的希望，著了《觀心本尊鈔》。這本書，正是聖人自家信條的體系，并且是本化教學的根本組織。在這兩個中心事業的前後，聖人所著的書和信，都是序文、略釋，或是抉擇。請讀者在明白聖人的佐渡生活和那事業以前，記得這兩個大中心，就是了。

文永八年十月二十七日，聖人坐的船，打寺泊港開了船。可是被日本海的强風和大浪所苦，第二天就是二十八日，纔颳到了佐渡的東南海岸，松之崎濱地方了。可是流罪人日蓮在十一月一日，被捨在太野村的塚原三昧堂了。這三昧堂，是在墳地傍邊的一個小草堂。在墳地施行葬禮的時候，用這個草堂。所以原來没鎖門，又没有人住的設備。聖人被捨在這麼樣的草堂裏，不但不給火，也不給吃的東西。這是本間氏要使聖人，凍餓死的計劃。寫在那時光景的文字，在他的遺文裏不少了，可是在下邊揭示其中的一兩文字：

……在十月十日，打相州裏依智起身，到十月二十八日，趕到了佐渡島。在十一月一日，被捨在本間重連宅後邊，叫塚原的山野裏了。那兒是像在洛陽（現在的京都市）的蓮臺野似的，捨死人的地方。在那兒有個六尺見方的草堂，可是没供着佛像，棚頂的板縫兒，也不合著，并且四壁都荒敗了，所以下的雪累積不化。在這麼個地方，打開皮褥，穿上蓑衣，徹夜過日子。在夜裏雪雹不住，在白天太陽不照，實在是覺着不放心的住處……

嘎！喜歡啊！檀王被阿私仙人所責，得了《法華經》的功德了。又不輕菩薩，被上慢的比丘們的棍子所打，所以人們誇賞他，是“一乘的行者”。現在我日蓮，在末法時代生出來，弘布《妙法蓮華經》的五字，遭了道樣的責苦。佛滅之後，二千二百多年之間，大概天台大師也不體驗，“一切世間，多怨難信”的經文。“數數見擯出”的明文，但是我日蓮一個人，色讀了。

——《聖人自叙傳》，一三九八

這是多麼慘憺的情形呀！多麼悲壯的心境呀！聖人又把這情形，在給妙法尼姑的回信裏寫說：

……打村里遥遠離開的野地，和山坡的中間，有叫塜原的三味所(墳地也)。在那兒有六尺見方的草堂，可是棚頂的板縫兒，也不合着，四壁都荒敗了。所以裏頭雨下的像外頭似的，雪累積到屋子裏了。佛像也没供着，而且簁、草席，一張也没舖。可是我供着本來奉持的教主釋尊，拿着《法華經》，穿上一件蓑衣，戴着一頂笠，過了數天，可是一個人也不見，也不給吃的東西。

——與妙法尼回信，一七八〇

在山上累積大雪，在野地裏颼冷風，而且在三味堂的四面，有累累的白骨和墓碑。所以在塜原的冬天，是更寂寞了。聖人，在這樣的環境裏，住到第二年四月，共總六個月之間，皮膚交冰雪，臉面曝風雪了。後來入身延山之後，回想在當時的悲慘的境遇，寫了一篇文字，就痛切的説：

……我日蓮，若是像在外邊看似的，是在日本第一的僻人。在我們國六十六州和兩座海島裏，所住的百千萬億的四衆(比丘、比丘尼、優婆塞、優婆夷)，及上下萬人全都怨恨我。自佛法傳到日本國以來，已經過了七百多年，還没有因爲《法華經》，被人們這麽怨悵的人。也没有聽見説過，在月氏和漢土的地方有；又不覺着在此等國裏有。所以我是在一閻浮提(世界)第一的僻人。

……并且這次的斥逐及死罪，可是他們怎麽想了呢？把我發往佐渡了。本來被發往那座島的人，大概生存的很少。我纔到那個地方，所以人們就想我是比殺害謀叛的罪人，還重。

……因爲在北方的習慣，所以冬天颼風更利害，而且雪下得很深，我穿的衣裳很薄，又吃的東西很少。

……住的地方，是在芒花和菅茅叢生的野地，三昧原裏頭，有一個很荒敗的草堂。在那個草堂裏，打棚顶漏雨，從破壞的墻壁，風隨便颳進來。在那樣的墻壁傍邊，白天和夜裏，在枕頭邊兒聽的，是清揚的風音，早起和晚上，遮避眼睛的，是埋着遠近的道兒上的雪。我現身經過餓鬼道，墮在嚴寒地獄了。

——與法蓮房書，一一六六

這麽悲慘的生活！那肉體，遭着餓鬼和地獄的責苦：就是在飢餓和冷凍裏，想起不輕菩薩，并且昧識上行菩薩的自覺了。那精神實在有吞吐三世，包括天地的氣派。這樣的心理狀態，拜念在十一月二十三日，打這冰雪裏，送給富木氏的信，就可以明白了。這封信，是到了佐渡島之後，最初的消息。若是把這封信，對照在十月二十二日，由寺泊港寫給富木氏的信，看的時候，上行的日蓮，追序現出來。以那封信，爲在佐渡時代以前的最後的信，拿這封信，爲到佐渡最初的信。現在在下邊揭示這封信的全文。

這時候是十一月下旬，所以在相州鎌倉住的時候，想着四季的變化，各處都是一樣；可是來到這北海佐渡島以後，颼寒風很利害，有時候，一點兒霜雪不下，可是看不見太陽（在冬天裏的日本是陰天多的緣故）。現在身感着八寒，人心同禽獸一樣，不知道“主、師、親”，何況佛法正邪和導師的好壞呢？這些個事，暫時不論。在過去的十月十日，您打發跟着我來的人，我從寺泊港把他打發回去的時候，寫了一個法門，托那個人，給您帶回去了。大概您已經推量了罷。已經在眼前（開凡體的日蓮，就顯出靈體上行轉生的日蓮來的事，已經在眼前的意思）。佛滅之後，二千二百多年間，在月氏、漢土、日本，以及一閻浮提裏頭……雖然天台、傳教，大約奉釋了；可是把他們保留弘布的一大事的秘法，我在這國最初弘布了。日蓮豈不是那個人（古來聖賢降誕的時候，或是聖賢宣布大法的時候，大概有瑞相），已經顯出來了。

在已過的正嘉之大地震，是在前代還没聽過的大瑞。這是在神世十一代，人王九十代，和佛滅後二千二百多年，未曾有過的大瑞……若是在弘布大法的時候，爾前（在《法華經》以前的諸佛經）和迹門（在《法華經》裏頭，把前十四章叫做迹門）的經教，一點兒也没有利益……法已經出來了。前相也超過先代了。據我日蓮略爲考察這個，這是時代使然的緣故。在《經顯》裏説："有四導師，一名上行……"關於流罪，請别那麼嘆息。在《勸持品》裏説："……"在《不輕品》裏説："……"生命有限，不可愛惜。到底可願的是佛國云云。敬復！

富木入道大人台鑒　　　　　　　　　　　　　　　　日蓮　押

文永八年十一月二十三日

若是跟這遺文對照寺泊書説："按着代官，説這個"，那文是迹化的代官。這文是在言外暗示，本化的日蓮。"我日蓮，豈不是那個人麽？"這句話是泄出日蓮，就是上行的密意。又模糊地引用："經曰，有四導師，一名上行"的經文，稍微的證明了自己的地位。在這信裏説："佛滅後，二千二百多年，未曾有。"又説："若是弘布這大法的時候，爾前和迹門的經教，一點兒也没有利益。"又説："法已經顯出來了。"拜察這些聖語，就可以明白，這都是上行的日蓮，將要發表當身的大事，就是《觀心本尊鈔》的預告。所以這封信，就是自覺上行的第一聲。而且在這文字的發端，寫現在的苦境；在末尾，暗暗表示决死的覺悟説："生命有限，不可愛惜。到底可願的是佛國。”因爲這聖語，可以拜察，在當時聖人悲壯的心境。

對於被鎖在這樣的冰雪裏，并且又被飢餓所苦的流罪人的生活，依然不絕“三類之敵人”。就是在那座島住的禪宗和念佛門徒，一聽説日蓮到佐渡來了，就打算要托言問答，謀害聖人。可是本間重連，按着自己的責任上，没有理由兒，就不能殺害要緊的流罪人。這麼着，重連自己監督着這個問答了。他們以在佐渡的念佛僧，名叫“唯阿”的爲首領，由奥、羽、信、越、地方，招來好些個僧徒，於第二年正月十六日，在塚原，由本間氏的監督，實行問答了。在那時的情形，也引用聖人的遺文，如下：

……我聽説，在佐渡的持齋、念佛行者、唯阿彌陀佛、生喻房、印性房、慈道房們的好幾百名，聚在一塊兒，就協議了。他們會議的時候，有人説：

“很有名的阿彌陀佛的大怨敵；并且一切衆生的惡知識日蓮房，到這個地方被處流罪了。被發往這個島的人，假使没有甚麼特别的事，也不能始終的生存。又就是不被殺，也没有能回國的希望；所以我們打死他，也没有譴責。因爲他只一個人在塚原住，就是怎麼剛强，可是在那没人的地方，所以我們，在那兒聚在一塊，射殺他就成了。”

又有人説：

“我聽説，假使没有甚麼特别的事，也該斬他的頭，可是因爲執權（時宗）大人的夫人懷妊，所以暫時，他没被斬。到了兒一定會斬首的。”

又有人說：

“把斬日蓮房的謀計，可以跟本間大日商量商量。”

在好些個提議裏，關於這個提議要協議，好幾百人，聚在“守守護所”了。那個時候，重連說：

“由幕府下了別殺他的副狀，他不是可蔑視的流罪人。若是有乖錯，那是我重連的大過失。所以各位別那麼辦，只用法門可以攻他。”

這麽着，在正月十六日，念佛行者們，把《净土三部經》，或是止觀，或是真言甚麽的，掛在小和尚的脖子上，或是挾在腋裏，就來聚一塊兒了。因爲不但是在佐渡的和尚，就連從越後、越中、出羽、奥州和信濃等地方來聚的法師們，所以在塚原草堂的前邊和在山野，有好幾百人，并且還有本間重連弟兄一家子。這以外，來聚在農家的入道們，不知道有多少人。

念佛行者各各罵我。真言僧，各各失顔色，他們嚷着說：天台宗能够勝！在家的人們，罵着我說：“我是出名的阿彌陀佛的敵人。”那聲音都很大，就響動四方，好像震動雷電似的。因爲我日蓮暫時使他們嚷，等嚷完之後，就說：

“你們蕭静點罷！你們到這兒來的，不是要問答法門麽？可是罵我没有理由！”

所以本間重連和好些個人説：“是啊！”就推了做毁謗的念佛行者的腦袋。不大的工夫，問答開始了。把他們所説的止觀、真言和念佛的法門，我一個一個的，照著經論，就辯駁，説服他們了。連接着詰問又詰問，他們不過説了一句二句話，就都失敗了。因爲他們是比在鎌倉的真言師、禪僧、念佛行者和天台僧，還無氣力的人，所以這情形可想而知。這是好像拿快刀切瓜，又像大風颳倒敗草似的……

——《聖人自敘傳》，一四〇〇

在鄉下的法師們，哪兒能够敵得住，很鍛練的“法華經行者”的獅子吼呢？他們一個人走了，兩個人走了。工夫不大，都走光了。竟是留下了些個在積雪裏的東西，就是很狼藉的脚印兒。這麼着，本間重連，也要回家。那時候，聖人叫住本間説：

閣下多咱上鎌倉去呢？

本間回答説：

我打算叫底下的人們，辦完農事之後，七月的光景吧。

聖人又説：

拿弓箭的人，若是遇見公共的大事，應當要立功，就能受領賞地。雖然閣下説，種田地，可是不久就要打起仗來，怎麼不快快地上那兒去立功，就得賞地去呢？你們弟兄，真是在相州很出名的武士。然而若是因爲在鄉下種地，就耽誤了打仗，那是很可耻罷。

——《聖人自敘傳》，一四〇二

重連聽這話不懂，是怎麼回事，可是他對於聖人，剛纔論破法師們的伎倆，很佩服了。所以對看着有自信似的預言者的說話，就覺着有點兒恐怖了。

果然到了二月，在京都六波羅有亂事，接着者鎌倉也有亂事了。重連接到那個亂事的急報，切實感激了聖人的神力。他從此以後，就信服聖人了。

在這麼雪裏的蟄居生活，給了聖人幫助的，有三個人了。就是阿佛房夫婦和最蓮房。這夫婦是救了聖人飢餓的恩人，最蓮房是同聖人的宗教共鳴的道友。阿佛房俗名叫遠藤爲盛，是"北面的武士"（後爲羽太上皇，打算征討鎌倉政府——北條氏，私下由各地方招來的兵），跟着順德上皇，來到佐渡，上皇在這個地方殯天之後，就守衛其皇陵，趕到了當時，過了四十多年，他修行念佛，自己稱呼阿佛房了。這個人，最初在夜裏，上三昧堂去要殺聖人，可是結果，跟聖人問答之後，被聖人感化，就成了很熱心的信者了。供養被捨在雪裏草堂的聖者的人，就是阿佛房夫婦。他們夫婦，因爲供養聖人，所以遭了好些樣的迫害，可是誓死，到最後伺候聖人了。到後來，聖人回想這個事情很感動，就寫了一封信給阿佛房夫人說：

……因爲我日蓮，被發往佐渡島了。所以在那座島的"守識職"等，隨着國主的處置敵視日蓮。萬民全都從其命令。因爲鎌倉的念佛行者、禪、律和真言僧們，吩咐他們（在佐渡各宗的僧徒）說："你們無論如何，別讓日蓮再回到鎌倉來。"又極樂寺的良觀們，也請求武藏前司（北條宣時）大人的私命令書，使他們的徒弟，把那道書，拿到佐渡去，敵視我日蓮。所以實在没有救命的情形；可是佛天的處置，那不論。領主和念佛行者們，要詰責秘密來往我草堂的人，就白天夜裏，都有人監視日蓮的庵堂；可是使阿佛房背着飯筒，夜裏屢次到這兒來的事，在何世可以忘呢？只是我慈母轉生，在佐渡島麽？

……又因爲這個，或是由住所被逐，或是被責，或是被没收住宅甚麽的，可是到了兒，始終如一的不改變了。

——與千日尼回信，七五九

這是送給阿佛房夫人的信。由各宗派的僧俗，受迫害三年，可是始終不變的供養聖人，所以聖人給她起名叫“千日尼”了。

阿佛房夫婦的率直和親肯，能幫助聖人的外面生活；可是最蓮房的信仰和理會，能豐富聖人的内面生活了。這最蓮房，他本來是天台宗的一個學僧。因爲一個事故，就被發往佐渡了。他身體柔弱，可是人很聰明；這個人受聖人的教訓，是很感激，就成了聖人的弟子，改名日净了。他的信仰和理會，都是進步得很快。聖人在佐渡發表好些要緊的法門，可是大概都是對最蓮房日净發表的。就是在二月十一日，對於最蓮房的質問，回答的，《生死一大事血脉鈔》，和在二月二十二日，寫給他的《草木成佛口决》，這兩篇文字，是在著述《開目鈔》以前的重要文字。到了四月十五日，寫給他的，是《得受職人功德法門鈔》，又在著作《觀心本尊鈔》之後，寫給他的，是《諸法實相鈔》《當體義鈔》；這些文字都是把聖人自證的法門，發表的書。最蓮房，實實在在，是聖人在佐渡三年間的流罪人生活裏，唯一的心友了。不但是在理會上，而且在情誼上，也有很優雅的温情。聖人在四月十三日，送給他的回信裏説：

"華翰"的意思，我全都明白了。由京都送來的好幾樣東西，全受納了。在鎌倉住的時候，老看這樣的東西，可是被處流罪，來到這島之後，還没看見過。我想這樣的東西，在邊土的小島，實在是珍品了。在《華翰》裏説：

"既然從已過的二月初間，成了您的徒弟，就信服了。從此以後，我本來是凡人，可是若被您所想弟子的一分，我覺着很恐悦……"

……捨了念佛、真言等等的邪法和邪師，就成了我日蓮的弟子，是很感謝的事……好好兒的勉勸勉勸罷。自然的從過去的二月裏，教給您，要緊的法門了。到了兒，在四月八日，夜裏寅刻，以"妙法本因戒"，奉令受職灌頂了。得了這受職的人，就是現在也怎麽不成妙覺佛呢？

……我日蓮這次要成佛，您怎麽能離開我，就是在惡趣（地獄、餓死等）呢？

……因爲我這樣想了又想，所以雖然我們是流罪人，可是身心都很喜歡。在晝夜論談要緊的法門；時時刻刻的昧識成佛的道理。這樣的過日子，所以送的年月，覺着不久，又過的時刻，覺着也不大。

……從劫初以來，蒙父母主君們的斥逐，就往遥遠的海島，被處流罪的人也不少，可是在這些流罪人裏，没有像我們似的那麽很歡喜的人。所以我們居住，就修行一乘的地方，無論什麽地方，都是"常寂光的都會"。若是成我們的弟子和檀越的人，一步也不用走，就可以見"天竺的靈山"，又晝夜的來往"本有的寂光土"。這事是很喜歎的，没有可形容的話了。因爲喜歡的了不得，所以我們定一個約會罷：

"若是您的斥逐，快快的被赦，回到京都去，我日蓮就是鎌倉大人説'不赦'，也禱告諸天等，回到鎌倉去，就要寫一封信，發送京都去。若是日蓮先被赦，回到鎌倉去的時候，禱告佛天，就使您回到京都去。"敬復！

最蓮房台鑒　　　　日蓮　押

四月十三日

成佛的時候，一塊兒成佛。赦罪的時候，也是一塊要被赦。這是多們優雅的情誼呀！

在孤島的冰雪裏，現出"寂光净土"來的内面生活的充實，和這倆流罪人，相抱相擁很喜歡説："送的年月，覺着不久。"就流泪的心境，是多麽美麗呀！實在聖人悲慘的蟄居生活，是仗着阿佛房物質的給養，和最蓮房精神的共鳴，好像開了花又結了果子似的了。

這樣聖人，在佐渡的風雪裏，十分品嚐着流罪的苦惱和自證的法悦的時候，可巧這時，在鎌倉起了一個亂事；就是在京都南六波羅的鎮台，北條時輔，對於鎌倉懷着不平，就起了叛亂了。

時輔是最明寺時賴的嫡子，就是執權時宗的哥哥。所以他是應該當執權的；可是被貶，成了京都的"守護職"。因爲這個，他很怨憎鎌倉政府，到了兒起了叛亂了。那時候，在北六波羅的守護職是北條義宗（北條長時的第二子）。他立刻就告訴鎌倉了。這麽着，執權時宗，趕快下了討伐他哥哥時輔的命令。義宗在二月十一日，突然襲擊南六波羅，鏖殺了時輔的一家子了。又到二月十五日，北條公時和教時，左袒時輔的陰謀露出來，鎌倉也變成了"修羅的巷"。這是在北條一族的"同族相打"。這樣事情，聖人已經在《立正安國論》裏預言過，這就是"自界叛逆難"。在這兒，北條時宗，纔感服聖人的預言應驗，就釋放了日朗們五個人。在那一年三月二十日，聖人從佐渡島寫給在鎌倉的弟子，和檀越的信裏，爲這個事情說：

……從寶治的打仗（寶治是年號。北條時賴，滅三浦氏一家子）以後，已經過了二十六年。到了今年，二月十一日和十七日，又有打仗……在《藥師經》裏說：“自界叛逆難”，就是這個了。在《仁王經》裏說：“聖人去時，七難必起。”……我日蓮雖然不是聖人，可是因爲把《法華經》，像佛說的受持，所以也就像聖人似的……過去的年，九月十二日（龍口法難那一天），蒙逐斥的時候，高聲的絶叫說過：“我日蓮是這關東一族（叫執權北條一族）的棟梁、日月、龜鏡和眼目。若是日蓮去的時候，七難一定起來。”就是這個亂事。僅在六十天，乃至一百五十天，這麽短期裏，起了這件事麽？可是這個是花報。若是成了實果（暗示他國入侵逼難）的時候，又有多麽悲嘆呀！

——佐渡書，八九二

已經應驗了内亂的預言。時宗很害怕了外寇的預言，也要一定應驗的事。這麽着，發布鄭重的保護日蓮的命令，就立刻傳到佐渡島了。

又在佐渡的本間重連，因爲在塚原問答的時候，聖人對他所説的預言，現在應驗了，所以他很驚訝，拜謁聖人，就跪坐說：

請救命啊！在已過的正月十六日，您說的話，是如何的疑惑了，可是日子不多，在三十天裏，就符合了。又蒙古國，一定來攻罷。念佛無間地獄，也是一定罷。我要以後，永久的不稱念沸了……

——《聖人自叙傳》，一四〇三

這麼着，聖人對於重連，懇切的教訓了。重連那一天晚上，坐快船向鎌會動身了。因爲由鎌倉的命令和本間氏的歸依，所以聖人的生活，比以前好了一點兒了。去年十一月，聖人到了佐渡島塜原的時候，立了一個案，(《開目鈔》，上下二卷的著述）這個案到了第二年二月，纔寫完了。

……從去年十一月，立意作《開目鈔》的文字，已經作了（上下）兩卷了。

——《聖人自叙傳》，一四〇三

這實在是被鎖在塜原的冰雪裏，預想着自己的死滅，就寫出來的文字。

……若是我被斬首的時候，我要打算留下我日蓮的一個不可思議的事，就立意了。

——《聖人自叙傳》，一四〇三

聖人是在被發往佐渡之後，還不知道何時候被斬首的，那麼危險的境遇。

……又怎麼了呢？到佐渡島去了。人們說：今天要斬我，明天要斬我，可是四年過去了……

——《報恩鈔》，一四九九

看這遺文，就可以明白聖人的生活，有多麼危險了呢？在被餓、凍逼迫，而且被刀劍包圍的聖者，預想着死滅，寫的文字上，就漾着救世的熱泪。剥皮爲紙，灑血爲墨，碎骨爲筆，所寫的文字，不是普通的文字，這就是聖者的靈魄本身，所以可以説是活文字。

……有像獅子王似的精神的人，一定可以成佛。比加我日蓮。

——佐渡書，八二八

佐渡書，是在成功寫成《開目鈔》的第二天，送給他的弟子和檀越的書信。可是現在這一句話，不是以千鈞重量，鞭韃我們的心麼？

由這麼悲壯的因緣，就完成了《開目鈔》的内容，是甚麼呢？下節再説罷。

二、著《開目鈔》的動機及其内容

我們打算要知道《開目鈔》，是甚麼書？先得知道，著述這本書的動機和目的。住在鎌倉時代的聖人的生活，難了又難的，實在是可怕的生活。他的徒弟和檀越們，特别在眼前看見在龍口的斬刑，以及發往佐渡的流罪。所以在他們的心裏頭，就起了疑惑的雲彩，就變成了動揺和惑亂的暴風雨了。可是這不能説，全没道理。聖人關於這個事情，在給上野氏的信裏説：

……因爲我日蓮的弟子，少輔房、能登房，在名越的尼姑們，是嗇刻、憍懦、愚痴，而且自稱智人的人，所以發現這麼個事件的時候，他們就得了便宜，使好些個人，墮落了。

——一五五三

……在我的弟子和檀越們裏頭，膽怯的人，大概墮落了，或是有退轉的心罷。

——與辨殿尼信，九八七

看這遺文就可以明白，在龍口和佐渡的法難，影響他的門徒甚大。就是從聖人費了十幾年的工夫兒，所建設的教團裏頭，現出三位房日行——少輔房、能登坊，及名越的尼姑等來，他們率先打算要顛覆教團的基礎了。這是在聖人，比直接經驗的火攻和斬罪，還忍受不了的事，又是不能放任的大事件。這個教團的動摇，就是著作《開目鈔》的動機。

那個身體，就是在北海孤島裏的流罪人，在很荒廢的三昧堂裏，送着悲慘生活的聖者，還有這樣内魔的襲擊。萬急的問題，就是鎮壓動摇的事；可是先得十分的調查那個動摇的原因。按照信仰緊固的弟子和檀越的報告，他們向來關於聖人，懷着疑惑和不信，可是看見在龍口的斬罪和發往佐渡的事，就嘩啦的一下子，勃發起來了。膽怯的弟子和信徒都這們想：

我們的老師傅，十九年的工夫，嘎聲的絶叫“四個格言”，就實行折伏蓮華的教導；可是這樣的化導，是法華經行者的行動麽？在經裏說：“諸天晝夜，常爲法故，而衛護法華經行者……”“現在安穩，後生善處……”可是我們的老師傅，草庵被燒，被斥逐住處，受了刃傷，坐了斷頭之席，被發往海島兩次，在十九年之間，沒有一點兒安寧的日子。像這樣子也可以說是法華經行者麽？像我們老師傅似的那麽激烈的傳教法子，是和經文的精神相合麽？

這樣的疑惑，在他的弟子和信徒的心裏忐忑不定。那疑惑就漸漸兒的高起來，到了兒，趁着這次斬罪和流罪的機會，就動摇了。把這個情形，在佐渡書裏説：

……像信我日蓮似的人們，日蓮成了這樣的狀態，就起了疑惑，捨了《法華經》的信仰；不但是這個，反倒教訓我日蓮，就想着“自己是聰明”。這樣的邪人們，比念佛信者墮在阿鼻地獄還久。這是很可憐的，没有可形容的話了。

……日蓮御房，是我們的老師傅。可是他很剛毅，我們要柔和地弘布《法華經》。

——佐渡書，八三四

聖人像這遺文似的，詳細考察動摇的原因，就是疑惑了。這麽着，他打算要鎮静動摇，挽回教勢，總得把他們對於自己的疑惑，消滅了。這是聖人預想着自己的死滅，所要辦的根本應急策，所以現在别的事情，都不用説了。《開目鈔》，是有這樣的必要，就著作的書了。試看下面的遺文：

……我不是《法華經》的行者麽？因爲這疑問，是在這本書的心肝，并且在我一期的大事，所以在各處寫這個，而且要擬個回答。

——《開目鈔》，七七四

按着這聖語，就可以明白《開目鈔》的目的了。可是這本書的題目，是按著要開人們疑惑的眼目，使他們正視法華經行者日蓮，并且使他們正信日蓮和《法華經》的意思，就命名的。就是照着這道理，引用經文，并且徵之實行，自左右前後證明了法華經行者是日蓮。這就是《開目鈔》。

日蓮十九年的工夫，在身、口、意的三業，十分的修行“法華經主義”。若是這個人，不是“法華經行者”，那誰是《法華經》的行者呢？“折伏的化導”，是自然而然的《法華經》的修行。“不惜身命的活動”，是自然而然的法華經行者的動作。大小好幾樣的法難，那是“現在安穩”的前提。忍受所有的迫害，合意能够修行《法華經》，這不是佛天的守護麼？若是將來天下萬民，和好些佛乘，都成了一佛乘，單是妙法繁昌的時候，萬民一同奉唱“南無妙法蓮華經”，纔展開真正的“現世安穩的世界”。然而你們不知道這個道理，懷着疑惑，起了動摇。若不説這個，是愚痴迷盲，又説哪個是愚痴迷育呢？你們得快快地開開迷育的眼目，正視我日蓮。在這兒纔能看出“法華經行者日蓮”來，以這個人爲具有“主、師、親”三德的導師，就可以信仰罷。

這麽教諭他的弟子，和檀越們的，就是《開目鈔》。現在引用《開目鈔》的文字，要證明這個意思，如下：

……若是我日蓮，爲《法華經》，屢次不被處流罪，“數數”的兩個字，怎麽講呢？這兩個字，連天台、傳教，還没念佛，况且别人呢？因爲在末法起初的證驗，就是“恐怖惡世中”的金言，已經應驗的緣故，所以竟是我日蓮一個人，念了這兩個字。

——七七三

……那麽誰被衆俗惡口駡詈呢？哪個僧人，被刀杖打呢？因爲

《法華經》，哪個僧人被人們讒奏公家和武家呢？哪個僧人，“數數見擯出”的屢次被處流罪呢？除我日蓮以外，在日本國裏，要找也找不出那樣的人來了。

——八一三

……我和我的弟子，雖然有好些個難，可是没有疑心的時候，自然的可以進到佛界了。别疑惑没有佛天的守護的事！别嘆息在現世不安穩的事啊！

——八一九—八二〇

……叫日蓮的人，在文永八年九月十二日，子丑時刻，已經被斬首了（這一句話，是看着很奇怪似的；可是説“被斬首”的，就是在龍口，凡體的日蓮，精神的被斬害，立刻就變成了靈體的日蓮——本化上行菩薩轉生的日蓮的意思。所以在宗學上，把這一句叫“開顯人之聖語”）。因爲本書，是我日蓮的靈魂，來到佐渡岛，第二年二月，在雪裏寫了這書，就送給有緣的弟子，所以顯着害怕，可是没有甚麽可怕的。

——八〇四

按照以上的聖語，就可以明白，《開目鈔》是聖人打算要脱了凡體的日蓮，就顯出本化上行轉生的日蓮來；因爲這個，使不信的門下，發生信心，以鎮壓教團的動摇，所著的書。這就是著《開目鈔》的動機和目的。那麽，其内容是如何？現在改行寫出這個來罷。

《開目鈔》，是拿像已經説過似的目的，所做的熱血的文字。在發端，列舉在中國的儒教，在印度的外道教和佛教，講説了。這三教有教義的廣狹淺深,可是在上邊立了“主、師、親”三德,在下邊明了“忠、孝、敬”三道的地方,三教都一樣。所以若是在下位的人,對於上位,或是怠慢三道,或是違背這個的時候,就立刻成了不被三教容赦的“人非人”了。特殊在佛教的釋迦佛,竟是他一個人圓滿的具有三德的佛陀。所以在俗世的主君、老師、父母,不論甚麽人,都得模範釋尊,修養三德。又在俗世的臣民、弟子、子孫等等,不論是誰,都得信仰釋尊,修行三道。像外道教、儒教什麽的三德,主德限於主,没有師德和親德,那不行。師德,限於師,没有主德和親德,也不好。又親德,限於親,没有主德和師德,也不成。若是在三道裏,忠道偏在忠,孝道偏在孝,和敬道偏在敬的時候,到底不能實行圓滿的道德。要言之,佛教以外的諸教和諸道,若是不靠着佛教的時候,不能達到道德的究竟目的。所以在《開目鈔》裏説:

> ……大覺世尊,是一明衆生的大導師、大眼目、大橋梁、大船師、大福田等。在外典,和外道的四聖、三仙,雖然其名是聖,可是其實是三惑未斷的凡夫;雖然其名是賢,可是其實不明白因果的道理,好像嬰兒似的。以他爲船,可以渡過生死的大海麽?若以他爲橋,不能跨過六道的巷。我的大老師,連“變易”還過去了,况且“分段生死”呢。連“元品無明”的根本,也打倒了,况且“見思”枝葉的粗惑呢。
>
> ——七五〇

聖人這樣講説,就先警告,“對於三德圓滿的釋尊的御使——法華經行者日蓮,起了疑心,就動摇的弟子和檀越們,在儒、外、内三教,也不能收容;特别這是在佛教不容赦的行爲”了。

據接着前文所説的意思,如下:

佛教是很洪瀚的。在那裏頭有小乘佛教和大乘佛教。又有假說的權教和實說的《法華經》。其中,《法華經》是釋尊講說自己本懷的佛經。在這經典裏,靠着他的徒弟“二乘作佛”和老師(釋尊本身)的“久遠實成”,說過最深遠的“一念三千”的教義了。真言宗和華嚴宗,偷盜這個教義去,就成了自派的筋骨。若是按着天台宗說,關於中國的天台大師和日本的傳教大師,暫時不論。至少在現在全都變成真言,反倒喜歡了。在這兩宗以外的好些個宗派,連“一念三千”的名稱,也不懂。不知道以“一念三干”的教義,成就了釋迦本佛的三德,就犯了不知恩的大罪了,就是現在的佛教徒。指摘那樣的大罪孽,要打算把萬民,由塗炭的苦惱裏,解救出來,按着“法華折伏,破權門理”的金言,起了强大的菩提心,而且立了遭遇甚麼迫害,也不退轉的誓願,二十多年以來,始終不改變,爲《法華經》,和爲人類奮鬥的人,除了我日蓮以外,一個人也没有。還有這麼忠義釋迦本佛的人麼?

就是在本文裏說:

……這次起了强大的菩提心,就誓願不退轉。已經二十多年的工夫,傳教這個法門;可是一天比一天,一月比一月,一年比一年的難重起來了。小難是無數,大難是一四次. 其中雨次,暫時不論。王難已經及兩次,這次已經危及身命,而且我的弟子和檀越,那不用說了,以外就是僅僅聽我說教的人們,也都被處罰重罪了。像謀叛甚麼的人似的……若是没有我日蓮,以誰爲“《法華經》的行者”,就幫助佛語呢?

——七七〇

看一看這聖語，就可以明白他的精神罷。聖人更說：

被《法華經•壽量品》，所開顯的本尊，是其尊貴、高尚的程度，好像在天上的明月似的。阿彌陀佛、大日佛、藥師如來等，是在地上的萬影似的。在十方世界的菩薩們，一位也没有不是釋尊的弟子。所以在佛法界，本佛釋尊的三德，是絶對的御德。若是有不以三道的忠誠，奉報這三德者的人，那不是人。就是跟不知恩的禽獸一樣的意思了。

在本文裏說：

……現在既然久遠實成的釋迦牟尼佛現出來，在東方藥師如來的日光、月光，阿彌陀如來的觀音、勢至，乃至在十方世界諸佛的尊弟子，大日、金剛頂等的兩部大日如來的御弟子、諸大菩薩，全都教主釋尊的御弟子。既然諸佛，是釋迦如來的分身，諸佛的所化（弟子），那不用說了。何況從此土的劫初以來，在這世界的日月衆星等。這不是教主釋尊的御弟子麼？可是除天台宗以外的諸宗派，都迷惑本尊了。俱舍、成實和律宗，以"三十四心斷結成道的釋尊"爲本尊。像天尊的太子迷惑，就想"我是平民的一個兒子"似的。華嚴宗、真言宗、三論宗和法相宗的四宗，都是大乘的宗派。法相、三論，立了相似"勝應身"的佛，爲木尊。像天皇的太子想"我的父親，是一個武士"似的。華嚴宗和真言宗，降下釋尊，以"盧舍那佛""大日佛"，決定了本尊。這是王子降下他父親，就隨順彷佛没有姓的法王似的人了。净土宗，想釋迦分身的阿彌陀佛，是有緣的佛（以這個佛，爲本尊），就捨了教主（釋尊）。禪宗，是像下賤的人，有一點的道德，就降下他父母似的。就是降下佛陀，降下佛經了。這些全都是迷惑本尊的。比如在"三皇”以前，不知道父母，人全都同禽獸一樣。諸宗派的人，不知道《壽量品》，這都是跟畜生一樣，就是不知恩的人。

——七九一

被《法華經·壽量品》，所開顯的釋迦本佛，就是真實的三德者。奉什這麼尊貴的三德者的日蓮，就是真實的三道者。日蓮應該是法華經行者。可是諸宗的人們，不崇信木佛的釋尊，違背三德，不修行三道，就成了不知恩的人。日蓮打算要矯正這個，所以不得已，賭身命的實行“法華折伏，破權門理”的改革運動了。可是衆愚的俗人，無智的僧侶，以及有識僧人的僭聖等，合在一塊兒，好些樣的迫害聖人了。可是因爲在聖人，本來要“不惜身命”的奉報本佛的三德；所以這好些個大小難，好像是螳螂的斧，風前的塵似的。唯獨日蓮所願的，是自己成了第二的三德者，以“法華經主義”，先净化日本國，接着救濟“漢土、月氏，及一閻浮提”。他們受着這樣不世出的“法華經行者”的教化，反倒起了疑心，就惑亂、動搖的人們，不是聖人的弟子，又不是他的檀越。這樣的人們，是對於三德不行三道的人，就是不能免“不知恩之罪”的人。可是聖人，諄諄的慈誨還不止，彷佛是不知道，多咱說完似的；這就是《開目鈔》的內容。聖人慈愛他的弟子和信者們的無限温情，深遠理智和堅固意志，都合在一塊兒，就成了熱血的文字。現在已經過了六百四十多年之後；連我們拜念這本書，也不能不整襟，而且濕袖。況且四條金吾，在文永九年二月，春風駘蕩的鎌倉，拜接打鳥兒都不來往的佐渡島雪裏，送來的這本書的時候，他的感激是怎樣了呢？金吾就立刻，和日昭等的長老，以及大學三郎、富木常忍等的檀越們商量，越發增進信仰，鞏固結束了。其結果，就連那麼大的惑 亂動摇，也十分之八九給鎮静了。

三、一之谷的春天

因爲在京都六波羅的“守護職”，北條時輔的叛亂，應驗了聖人所預言的“自界叛逆難”，所以執權時宗，很驚訝，就往佐渡發了優待流罪人日蓮的命令。

在北海的孤島，到了春天。到了雪化、花兒開的時候，(四月七日)，聖人打他以前决定了臨終的地方的塚原三昧堂，搬到石田鄉裏一之谷的蟄居了。這地方可以眺望渺渺的海洋。又在海岸，擺立着巨岩和碧松，景緻很好，而且供養，比從前好多了。又人心也很優雅。在塚原的雪化了，在一之谷，颼起春風來了。流罪人日蓮，越發“心廣體胖”，纔着手發表日蓮一代的本懷的本化信條之體系的預備了。

搬到一之谷，第二天四月八日，就是釋尊降誕的聖辰。在那天，聖人對最蓮房日净，授“法華本門妙戒”了。在給最蓮房的回信裏説：

> ……從過去的二月的時候，天然的教給您，要緊的法門了。到了兒在四月八日夜裏寅刻，以“妙法本因戒”，奉令“受職灌頂”了。得了這受職的人，就是現在，也怎麽能不成妙覺佛呢？
>
> ——八四〇

種在塚原雪中的種子，被移到一之谷的春天海邊兒，就開了成佛的花兒。他有多麽喜歡呀！

……雖然我們是流罪人，可是身心都很喜歡……從劫初以來，蒙父母、主君們的斥逐，就往遥遠的海島，被處流罪的人也不少，可是在這些流罪人裏，没有像我們似的，那麽很喜歡的人。所以我們居住，就修行一乘的地方，不論什麽地方，都是“常寂光的都會”。

——八四〇

這遺文，也是給最蓮房回信的一節；就可以看在當時聖人的心境了。

在一之谷的村長，近藤清久，跟他的夫人一塊兒，佩服聖人的人格，就很崇拜聖人了。後來聖人，由身延山送給他們一封信了。在這信裏寫了當時的情形，并且殷勤地表示感謝的意思了。

又到了後來，近藤清久的一個兒子——中興入道，成了法華經主義的篤信家，而且近藤氏的兄弟，(當時是一個真言僧) 也歸入聖人的宗教，就受戒改名叫日静。以外清久的一家子，都信仰聖人了。

這樣在海島裏，他的信徒和外護者，像春水似的滋潤了聖人的生命。再加上，打遠遠的鎌倉，過大海來的徒弟、信徒們的訪問和消息，都給了聖人無限的慰藉和希望。在四月十日，他給富木氏的信裏説：

給我的鵝目（銀錢），如數的受納了。您的善志，没有可形容的話了。關於法門的事，上回寫了，就讓四條大人拿去了。請細細兒的看那書罷。

——八三八

又在五月二日，給四條氏的信裏説：

……您問候我日蓮的諸難了。這是由平常日子的善志之故。多謝多謝！

——八五一

又對於他的弟子和信者們，勸誘信仰，并且獎勸傳教的事，一點兒不弛緩了。有時候，四條金吾，惦記着聖人的起居，就打發人上佐渡去了。那時候，聖人把《開目鈔》，托那個使者，送給四條金吾，并且寫給弟子和檀越的佐渡書了。在這佐渡書的一節裏說：

在佐渡島，因爲没有紙，所以對於一個人一個人的送信，很麻煩；可是若漏一個人，也是很遺憾的事。請有志的人們，會合一處，看看這文字，斟酌斟酌，就慰安罷。

——佐渡書，八三五

又在五月五日，寫《真言諸宗异目》，托富木氏，送給各檀越了。在這本書的序文説：

喑誦罷。老人們，詳細的奉聽啊！不快快的被赦免的事，别嘆息這個。一定是佛天抑制這個罷？若是臉上現出願意赦免我日蓮的様子的弟子，是不孝的人。一點兒不要扶助我的後生。你們各人要知道這個意思。

——八五五

這是實在秋霜烈日的嚴誡，恰巧像在眼前，聽聖人的叱咤似的。又在七月二十一日，著《真言見聞》，送給日昭、日進等的高弟子了。在其副状，殷勤注意説，若是有不明白的地方，各人不用争論，問問我就成了。那個副狀，如下：

若是有不詳審，不用争論，寫出那不明白的地方，送給我，就是了。

這本書(《真言見聞》)，是很秘密的書。以前您研究佛學的時候，把您還不能明白的事，大概寫出來了。在別人没問您以前，您可以明白就好了。一般從此以後，入到我們教團的人們，把法門問問您罷。彼此就成了師徒罷？

——八六五

這是多們鄭重的教示呀！按着這文字，可以看良教師，教給學生，不倦怠的態度，就覺着很尊貴了。

在來訪佐渡島的他的信徒和弟子裏，聖人感慨最深的，是一側婦人，抱着一個小女孩兒，由遥遠的鎌倉，越山過海，到佐渡島去，拜謁她老師傅來的事情。纖弱的一個婦人，抱着一個小姑娘，而且懷着離别她丈夫的悲哀心，冒著非常的危險，忍耐着好些困苦，來到絶海的一個孤島；就訪問流刑的聖者，這實實在在驚嘆之極了。

當時從鎌倉到佐渡島去，好像現在打東京到西比利亞的曠野去似的；或是也許比那個還困難。她是實在靠着信仰力，就奮起的一個女丈夫。在很寂寞的流罪生活的聖者，有多麽感激了呢？那個時候，聖人很喜歡，就給她起法名字，叫日妙聖人。男人反倒不及地的熱誠，所以有應當給“聖人”的尊號的價值。後來聖人，要報答

這個婦人的篤信,就送給她的信,如下:

……玄奘求法到西天去,有十七年的工夫,走了十萬里地。傳教入唐,僅是兩年,隔波濤三千里地了。可是此等人,都是男人、賢人、聖人,而且是上古。還没聽過婦人欣求佛法,就踏破一千里地道兒的事。龍女的即身成佛,和摩訶波暗波提比丘尼,受了記節,那也許是權化罷?又這是釋尊在世的事。男人和女人,本來性質有分别的。火熱,水凉。漁夫是捕魚很巧妙,獵夫打鹿,是很靈便。又女人是善於嫉物,在經文是這樣説明白了。還没聽過,在佛法很聰明的事。把女人的心,譬作清風;假使風可以繫,也不能拿的,就是女人的心。把女人的心,譬作在水面上畫畫兒;因爲在水面上,不能有筆迹的緣故。把女人譬作瘋人,有時候是真實;有時候是虛妄。把女人譬作河,一切曲灣的緣故。

……應當知道,就是可以見戴着須彌山,渡過大海的人,也不能見這個女人;可以見蒸砂成飯的人,也不能見這個女人。當知、釋迦佛、多寶佛、十六分身的諸佛,上行、无邊行等的大菩薩、大梵天王、帝釋、四天王等,像影兒隨着身體似的,守護這個女人罷。這個人,是日本第一女人的法華經行者。所以模仿不輕菩薩的義,給你起名字叫"日妙聖人"。

……打相州的鎌倉,往北海佐渡島,其中間,有一千多里地了。隔着遥遠的山海。山是峨峨,海是洋洋。風雨不順時節。山賊海賊,充滿了。在各鎮店,和在港灣的民心,好像是猛虎,又像是惡狼似的。在現身經過三惡道的苦惱罷?而且當世,世間紛亂,謀叛人,是比從前還充滿國内。自今年二月十一日,打戰之後,到了現在五月下旬,世間還不安穩。而且有一個吃乳的姑娘,她的父親也不可靠,離别她已經很久。看這情形我寫着很難受，所以在心裏也不痛快了，就擱筆不寫了。

日妙聖人　　　　日蓮　押

文永九年壬申五月二十五日

——與日妙聖人書，八六三

驚异的思念和感嘆的情意，躍動紙上。後來這個女人，上身延山去，拜謁聖人的時候，聖人又說當時的感想，就誇賞她的善志。在那時，聖人看她抱着的小姑娘乙御前的長大，就很喜歡了。以後聖人，寫給她一封信說：

……因爲蒙斥逐，往佐渡島，被處流刑了，所以没有來訪問的人；可是以女人的身，能有善志，并且你自己來的事，是實實在在的不可思議。而且這次的參詣，實在没有可形容的話了。一定有神仙守護着你，十羅刹女，也憐憫你罷……若是有什麽事，現出來的時候，請來到這兒，就得了。在山中跟我一塊兒餓死罷！又乙御前長大，就是很聰明罷？再說再說。

——一二九一——一二九五

一個女人，往佐渡島訪問，是多們使聖人感動呢？那是一看這封信，就可以明白了。

流罪人日蓮，在塚原的冰雪裏住的時候，竟死的影兒被襲，可是搬到一之谷之後，纔浴了復活的光。在佐渡新信徒的供養，以及由鎌倉的門徒的消息和訪問，都是在聖人的心裏，無上的慰安了。對於島人講説佛法，并且勸獎信仰；對於鎌倉會的門徒，教授法戰的方法，并且嚴誡修行的懈怠。這樣流蟄的地方，倒成了弘布妙法的新中心地，愈發湧出“廣宣流布”的希望來了。

可是在弘布《法華經》的背後，一定跟着憎恨的影兒。住在島裏的法師們，看見日蓮是流罪人的身，可是越發擴張教勢，吸收他們的信徒，就很害怕，而且很憎恨了。他們想：

> 若是放着不管這個事的時候，在佐渡地方的人們，全都信服日蓮罷。若是這樣，就没有我們，生活的地方，怎麼辦好呢？

可是他們没有進一步，據法論打破日蓮的力量。又没有用最後的手段，暗殺他的勇氣了。

> ……若是放着不管這事，我們就要餓死罷！用什麼法子，可以殺這個法師，可是已然在島裏的人們，大概信服他了。怎麼辦好呢？
>
> ——《聖人自叙傳》，一四〇五

這是他們的本意。這麼着，他們聚集商量的結果，决定了：

> 選擇代表，打發到鎌倉去，在幕府讒訴日蓮。

立刻就選擇：唯阿彌陀佛、性諭房、道觀（極樂寺良觀的弟子）

等爲代表，打發他們，往鎌倉去了。他們在當時的權勢家，"侍所司"北條宣時那兒讒訴説：

……若是這個僧人，住在島裏的時候，連堂塔一宇也就没有了罷；并且連僧侶一個人也没有了罷。把阿彌陀佛，投入火裏，或是流入河裏了。晝夜上高山去，對於日月，高聲的咒咀"上"（北條執權）。那聲音聽到全島裏了。

——《聖人自敘傳》，一四〇五

這是"已經這麼樣了，所以請替我們好好的辦理"的意思。在這上訴裏説："以阿彌陀的佛像，投入火裏，或是流入河裏。"這真在實事上，是無根的讒言。又説："晝夜上高山去，咒咀北條氏。"這是把以下的實事，就誣告的：

就是聖人在島的時候，屢次上山去，向日月，列舉自己值難的事，按着他們在"法華會座"，對於釋尊所做的誓約，聲張大聲音，對於他們説過："趕快實行誓約罷。"所以在島的法師們，看見這個事情，以爲"日蓮咒咀天下"，就誣告了幕府。

宣時聽了這話，連會議也不開，立刻就獨斷的發了私命令，如下：

若是在島裏的人民，隨順日蓮的時候，把他們由島裏逐走，或是投入牢獄。

——《聖人自敘傳》，一四〇五

這是在當時，因爲應驗聖人的預言，在北條一族裏，已經信服聖人的人不少，所以宣時想，在會議席上，或者不能决定罷。這麽着，最憎恨聖人的宣時，獨斷地下了這樣的 命令了。聖人在島的時候，宣時把這樣的私命令，發了三次。聖人寫這個事件説：

……在佐渡島，作了假命令書，三次。

——與窪尼信，一七二六

……又下了命令書。像這樣的，三次了。其間的事，不説出來，也可以推量。或是説過了（草庵）的前邊，就投入牢獄，或是説“給了那僧人東西”，就由島裏逐走，或是奪掠那個人的妻子。

——《聖人自叙傳》，一四〇五

這麽樣，對於聖人和其信徒，加抑壓，實行迫害；可是那不過是喚起對於聖人的信仰和同情了。迫害是一定生出反抗來的。况且在宗教的熱情很熾烈的時候呢！北條政府，越禁止跟日蓮來往，在島裏的信徒和在鎌倉的門徒，就越發跟聖人來往了。下命令三次，是十分的不實行那命令的證據。在迫害和抑壓之下，倒開了信仰的花兒。法華經行者，所住的地方，無論什麽地方，都現出“寂光的佛國”來了。那一年年底，聖人在給四條金吾夫人寫的信裏説：

……假使世界滅亡，也在日本國，一定要成各人，都奉唱“南無妙法蓮華經”啊！

——九一三

當時在這樣絶海的孤島裏，確是湧出這麽洋洋的希望來了。

這麽着，過了文永九年，迎來蟄居生活的第三年，就是文永十年。聖人正是五十二歲。這一年，就是在聖人一生的中心，又是點睛他的事業的一年。聖人自家信條的宗學的體系，也是在這一年，發表了。那就是《觀心本尊鈔》和《寫顯的本尊》。前者，是在北海的寒島，也開花兒的時候，四月二十五日，成功的；後者，是在深碧滴下的盛夏，七月八日，寫出來的。這兩個事，是聖人宗教的中心，而且是以非常的自信和抱負，發表的。可是這《觀心本尊鈔》的題目，若詳細的説，就是：

如來滅後五五百歲始觀心本尊鈔。

這就是在釋尊入滅之後，第五個五百年裏頭，最始觀察"心就是本尊"的道理的書，就是這本書的意思。换言之，這是從釋尊入滅之後，到第五個五百年，還没見過，那麽最高尚的著作的意思。竟是釋尊的《法華經》，和自己的《觀心本尊鈔》，是通三世、渡十方，第一位的意思。又把這本書，送給富木常忍的時候，寫了副狀説：

觀心的法門，寫了一點兒，奉給太田大人、教信御房等。這個事，是我日蓮當身的大事了。一定要秘密這個罷。若是見無二的志，就可以開拓這個罷？這本 書，問難多，回答倒少。因爲這是未聞的事，所以使人們的耳目，可驚訝罷？假使給別人看的時候，有三個人或四個人同座，可別念這個。因爲佛滅之後，二千二百二十多年，還没有這本書的宗旨。所以我不顧政府加到我的迫害，期限五五百歲，演説了這個。庶幾看兒一次的末輩，跟老師、弟子一塊兒，參詣“靈山净土”，就可以拜三佛的顏貌罷。謹復！

富木大人　　日蓮　押

文永十年四月二十六日

按照這副狀，可以窺知對於這本書，聖人的自信和抱負了。又在寫顯出來的“本尊”裏，他親自寫緣起説：

文永八年辛未九月十二日，蒙斥逐，到遥遠的佐渡島，被處流罪了。在文永十年癸丑七月八日，寫了這個。

又接着寫説：

……這《法華經》的大曼荼羅，是在佛滅後二千二百二十餘年之間，未曾有這個，我日蓮，最始奉寫了這個。

在《觀心木尊鈔》的題目説：“五五百歲始”，在副狀裏説：“還没有這本書的宗旨。”又在《寫顯的本尊》裏寫：“我日蓮最始。”并且寫：“未曾有這個。”這都是一樣的意思。又在副狀，特意説：“我日蓮當身的大事。”當知，這兩個，是在聖人一生的大事，并且是目的。又若是信服聖人的聖語，就可以明白，這是在世界第一的大事。這實實在在，是從文永十年的春天，到那一年夏天之間，在洋洋的希望和高潮的信仰之下,所完成的聖人一生的本懷。

……於此我日蓮,是怎麼不可思議呢?連龍樹、天親等,天台、妙樂等,也没顯出來的大曼陀羅,到末法二百多年的時候,最始,爲弘布法華的旌印,就奉顯出這個來了。

——與日女御前回信,一六二五

"弘通法華的旌印",最始,被聖人所織出,所染出來了。"廣宣流布"的洋洋希望的春風,就漫漫兒的颺着這旌印,這麼着:

……因爲法王的宣旨,是不能違背的,所以隨着經文,就起了權實二教的戰爭;穿一件忍辱的鎧甲,拿一把妙教的劍,舉起一部八卷的精髓妙法五字的旗子,張了未顯真實的弓,搭上正直捨權的箭,而且坐着大白牛車,就嘩喇的一下子,打破權門:有時候,來攻到這兒;有時候,進擊到那兒,攻擊念佛、真言、禪、律等,八宗十宗的敵人,他們或是逃走,或是往後退,或是被我生擒的人,就成我的徒弟了。雖然我或是回攻,或是攻落,可是敵人是衆多,法王的一人,是寡少。到現在還不住的打戰哪。

——《如説修行鈔》,九六七

這麼様的勇氣,又生出來了。這遺文,是在著了《觀心本尊鈔》之後,寫給鎌倉的門弟的書。這様的法戰的結果,果然成怎麼様呢?這遺文接着説:

……各人看看!若是天下萬民和好些佛乘,全都成了一佛乘,單是妙法繁昌的時候，萬民一同奉唱“南無妙法蓮華經”，就是颳風也不響枝兒，下雨也不碎土，時代就成了羲農之世；在今生，除去不祥的灾難，就得了長生的法術，顯出人間和佛法，一共不老不死的道理來的時代罷。“現世安穩”的證文，是一點没有疑惑的了。

——《如説修行鈔》，九六七

在“廣宣流布”的時候，是把“寂光的佛國土”，現出在這現實的世界來。在“各人看看！現出來的時代”的一句話裏頭，不是躍動了無限的自信力和抱負麽？

這麽樣，幕府的一個迫害法子的流刑，反倒給了聖人，完成了他的一期大事的好機會，就在北海的孤島，現出“本時”的春天來了。這麽着，在這海島增加了新信徒。又在鎌倉，因爲《開目鈔》，就越發堅固了他的弟子和檀越的信仰。在迫害聖人的幕府裏頭，也現出來歸心他的人們了。在聖人的内面生活和外面生活，都歡喜極了。在五月十七日，聖人送給最蓮房的信裏，述説了這法悦的情形，如下：

……因爲這樣想了又想，所以雖然是流罪人，可是喜歡的了不得。在喜歡的時候，也流泪；在悲痛的時候，也流泪。泪是善惡共通的……接着想現在的大難的時候，就流泪；接着想未來的成佛，很喜歡的時候，也流泪不止。鳥兒和蟲子，雖然叫唤，可是不落泪。我日蓮雖然不哭，可是流泪不絶。這泪不是關於世俗的事的泪，偏是爲《法華經》的緣故。若是如此，可以説是甘露的泪。

——《諸法實相鈔》，九六二

著作《觀心本尊鈔》以前，在二月十五日（釋尊涅槃會的聖辰），寫了一篇書，叫《法華内證佛法血脉》。以這些個文字，爲著《觀心本尊鈔》的預備。

這文字，是將要發表本門的大法門的時候，先表示相承那個法門的事。就是闡明日蓮唱道的“法華經主義”，即是説外面的相承，爲“釋尊、藥王、天台、傳教、日蓮”；可是内面的扣承，爲“釋尊、上行、日蓮”。於此聖人，完全具備了可寫現出，“佛滅後二千二百二十多年之間，未曾有的大本尊”來的資格。

《觀心本尊鈔》的内容，和寫顯出本尊的意義，在次節將要説明。

四、《觀心本尊鈔》的内容及寫顯本尊的意義

用信仰化導人們的，是宗教；要實行這個，總得有增進信仰的對象，就是本尊。又要奠定本尊，得精研教義。教義和本尊，一被整理，就可以見宗教的完成。應這樣的要求，所作的文字，就是《觀心本尊鈔》。

在鎌倉提唱《立正安國論》，在塚原先對富木氏稍微的説，“我日蓮，豈不是那個人麽？”在《開目鈔》裏説：“叫日蓮的人，在過去的文永八年九月十二日，子丑刻斬首了。這是靈魂，到了佐渡島來，第二年二月，在雪中寫送給有緣的弟子……”這樣告訴靈體的日蓮，就是上行的自覺。在一之谷，宣言“釋尊、上行、日蓮”了。拜念起這些聖語來，都是著《觀心本尊鈔》的先聲，又是他的預備了。這樣寫出來的《觀心本尊鈔》，應該由上行的日蓮，所看待的教義和釋尊纔行哪。

這本書的題目説：“如來滅後五五百歲始觀心本尊鈔。”

因爲這個題目，可以明白全篇的内容。“如來滅後五五百歲”，是把在釋尊入滅之後，二千二百二十多年間的印度、中國和日本的佛教，按着佛教史上簡節破廢的言辭，“始”，是上行的日蓮，現在在這兒，最始說出“心本尊”的教義來的意思。“觀心”，是始顯的教義，就是“一念三千”。“本尊”，是把一念三千的教義，洗練之後，纔寫顯出來的“南無妙法蓮華經的大曼荼羅”。按着這題目，已經可以明白，本鈔是釋尊入滅之後，聖人拿空前絶後的抱負和自信，就完成了本化特別宗教的最要緊的書。

《觀心本尊鈔》的全篇，第一是說明觀心的法門，就是一念三千的教義。第二，是因爲光顯本尊（南無妙法蓮華經），說明那典據和樣子。第三，是說明在全佛教裏，這本尊的位置。第四，是說明“釋尊、上行、日蓮”的傳統，以及授與本尊的事。原來“觀心”的教義，是在佛教中，最高尚的哲學，而且是最深遠的教義。可是因爲現在是以一般化爲目的，所以務必要簡易的說明。“一念三千”的教義，是先理解“三千”，再理解“一念”，這是一定的次序。“三千”，是三個一千，合成的數兒，可是典實，是暫時借數目的名兒，表示《法華經》的“宇宙觀”的。所以若是竟拘泥於這個言辭，反倒不能明白這個教理了。

在宇宙萬有裏，有兩方面，就是橫的關係（量），和竪的關係（質）。把這“質”和“量”的兩方面，按着哲學網羅來，就看的教義，命名這個教義，叫“三千”了。像說神仙，說人間，或是說佛陀，說衆生，或是說天，說地，或是說有情，說非情，或是說草木、國土等等似的，這樣看去差別界，是宇宙的量。神仙本身，有人間的質。衆生本身，具有佛陀的質。天地本身，有神佛的質。這樣看去無差別的方面，是宇宙的質。若是竟看在表面上，現出來的地方就懷着分別彼此的思想，親近這個，疏遠那個，或是分別自己和別人，就疼愛自己，憎惡別人。這樣生起差別偏見的心來的時候，那就是迷惑的凡夫。又由裏面的質，看表面的量，就想全宇宙和我身是一體，在彼此自他裏頭，不懷着親疏，或是愛惡的私心，就是覺悟的佛陀。所以映照在佛陀智眼的宇宙，那量和質，都積集在我的一身。在我身以外，不見宇宙。我身，就是宇宙。所以若是拿自己的全力，積累道德，就可以拿全宇宙的德性來，體驗自己的一身。佛陀管這理法本身，叫《妙法蓮華經》。在《法華經》裏又説這個，叫“諸法實相”。在《法華經•壽量品》的釋迦牟尼佛，就是先覺這個道理的人。日蓮教徒，管這先先覺者，叫“久遠實成的釋迦牟尼佛，即久遠本佛”。所以我們凡夫，信仰釋迦本佛，就修行《妙法蓮華經》的時候，可以迎接像釋尊似的“即身成佛”的春天，就看“娑婆即寂光”的花，并且給“我就是體驗宇宙者”的果子。聖人關於這事，説：

> ……釋尊的因行果德的二法，完全的具有《妙法蓮華經》五字。若是我們受持這五個字，釋尊自然的把他因果的功德，讓給我們。
>
> ——《觀心本尊鈔》，九三八

“釋尊的因果”，這就是舉在我們身體上，體驗宇宙三千的量與質的先覺者的。“妙法五個字”，是表示釋尊所證的法；那法就是宇宙的本體。“若是受持這五個字，釋尊自然的把他因果的功德讓給我們”，是説明我們的“即身成佛”。

可是這一節，竟是説明釋尊的“即身成佛”和我們的“即身成佛”；至於釋尊的“娑婆即寂光土”和我們的“娑婆即寂光土”，都顯不出來了。就是人間，被佛陀净化，他所在的國土，還没被净化的時候，不能説是完全體驗宇宙的質和量了。釋尊就是體驗物和人的。使我們得了身體的安全，可是當所住的環境不平安的時候，不能說是真實的成佛。物人不二，“依正不二的成佛”。這就是把宇宙，看做“三千”的教義的精髓。聖人講叙這道理說：

……現在本時的娑婆世界，是離開三灾，出了四劫的常住的净土！佛陀既然是過去不滅，又是未來不生，所化以同體！這就是三千具有三種的世間了！

——《觀心本尊鈔》，九三九

釋尊是體驗宇宙大的德性的先覺者。若是把這個事，按人說，是“即身成佛”；按物說，是“娑婆即寂光”。像這個似的，我們的成佛，還是得要“依正不二的成佛”。“所化以同體”的聖句，就是這個意思。所以我們，要自己徹底的時候，總得拿自己的思想，做爲出發點。我就是宇宙；我就是久遠的本佛；我就是寂光净土。所以離開我没有宇宙；離開我以外，没有本佛；離别我不能存在寂光净土。我思想的一念，是那自然而然的宇宙的三千了。没有比我尊貴的，没有比我高尚的，也没有比我廣大的。就是把說明我觀的徹底的教義，叫做“一念三千”的“觀心”“教義”“法門”。現在結釋了“這就是己心的三千具有三種的世間”，就是這個意思。

我們仗着“一念三千”的教義，要徹底我觀的時候，在我身上得體驗本佛。在我所住的娑婆上，得現出本佛的净土。因爲這個，竟理解我觀，就像把寶貝不用，擱壞了似的，一點兒用處也没有。釋迦自然而然的就不會生出來了，彌勒天然的不能成補處。既然理解我觀，就應當要修養我的。這是在述說“一念三千”之後，有講說本尊的必要的緣故。

原来一念三千的教義，是完全説明宇宙的質和量的法門，并且是説明宇宙本身的本體，就是《妙法蓮華經》。所以“一念三千”，是能入的義門；《妙法蓮華經》，是所入的法體。我們總得歸入《妙法蓮華經》的法體，并且得把宇宙的“量”和“質”本身的全體《妙法蓮華經》，做爲我自己的所有的，就像先覺者釋迦佛似的，那麼堆積實事的因行，體驗實事的果德，纔行哪。那就得要修養的法子。這是聖人，拿“一念三千“的教義，捲在《妙法蓮華經》的法體裏，以這個奠定信仰的對象，就給我們了。關於這個事的聖人的遺文，如下：

A. ……在這本尊的精髓“南無妙法蓮華經”幾個字裏，佛陀還不把他教給文殊、藥王們。何况是他們以下的人們呢？唯獨把“地涌千界“（上行等的本化大菩薩們）叫在前邊，講説八品，就傳教給他們這幾個字了。

——《觀心本尊鈔》，九四〇

B. ……那本尊的相貌，寶塔住在本時的娑婆上的空間；在塔裏頭，有《妙法蓮華經》。這《妙法蓮華經》的左右，是釋迦牟尼佛和多寶佛；而且釋尊的脇士，是上行等的四菩薩。文殊、彌勒等四菩薩，爲他的眷屬，就住在塔外。迹化他方的大小諸菩薩，就像萬民，住在地上，看雲閣月卿似的。十方的諸佛，就住在地上了。爲的是表示迹佛迹土的緣故。

——《觀心本尊鈔》，九四〇

C. ……像這樣的木尊，在世四十多年，都没有説這個。在八年之間,僅是在八品裏,纔有這個。

——《觀心本尊鈔》,九四〇

D. ……在正像二千年之間,小乘的釋尊,以迦葉和阿難爲脇士。《權大乘》《涅槃經》,以及法華迹門等的釋尊,以文殊、普賢等,爲脇士。雖然在正像時代,造畫這些佛,可是還没有《壽量品》的佛。那麼這位佛,到了末法時代,纔要讓這佛像,現出來罷?

——《觀心本尊鈔》,九四〇

這些聖語,是"始顯之本尊"的典條。A,是把"一念三千",捲在《妙法蓮華經》的五個字裏,順便略示"釋尊、上行、日蓮"的相承。B,是以"妙法蓮華經如來,即久遠實成釋迦牟尼佛",爲信仰的對象(本尊),就顯出來的最要緊的文字。這就是把空前絶後的大本尊,最始説出來的聖語。在表示本尊的體相儀式,這就是以《壽量品》爲中心,并且按着"本門八品在座顯現"爲模範了。這麼完全實現被"妙法蓮華經如來"的本尊,所包容的理想和德用的例證,除了"日蓮法華佛教"外,全都没有了。那是怎麼個緣故呢?那是因爲釋尊,以"久遠本佛"的資格,在演説他内證的本尊"妙法蓮華經如來"的時候,用了"誠諦"的御語;這時多寶如來,跟釋尊并坐,就當了證明的任務;本化的四大菩薩,奉命的現出來,就成了釋尊的脇士。又由他方來的迹化的菩薩們,以及一會的大衆,都蒙了"默然信受,聞法歡喜"的利益;所以在説法的佛陀和聽法的人們之間,没有什麼分别,全都是實現"能所一體""生佛如一""依正不二"的緣故。按物叫,這等的狀態,是"娑婆即寂光"的實現;按人叫,這是"即身成佛"的實現。總而言之,把這個叫做"本地之風光"。《觀心本尊鈔》

的精髓，在這兒，纔完全顯出來了。

到了文永十年七月八日，在佐渡島裏的一之谷，聖人最始所寫顯出來的《始顯的本尊》的典據，正有這文字。就是所謂“佐渡始顯之大慢荼羅”，是把這文字，做成圖式。B和D的文字，是顯出本尊來的時候，順便說明地方的。若是細細的說，這就是佛陀在世的時候，把在“本門八品”顯現的本尊，挪到佛滅後末法的現代來；就在日本國的佐渡島的一之谷，本化上行的日蓮，最始寫顯出這個本尊來，就奠定了本化宗教的本尊的意思。可是竟是尊這文字裏說“到了末法時代，纔要講這佛像現出來罷”，很從容的筆致；可是若參照，命名“如來滅後五五百歲始觀心本尊鈔”的題目，或是尊副狀说“二千二百二十餘年未曾有此尊之心”，或是在《始顯的大曼陀羅》上，寫“此《法華經》之大曼荼羅，佛滅後二千二百二十餘年之間，在一閻浮提内，未曾存之”。由此看起來，就可以明白這三句，都是由這一句現出來的，而且是整理這一句的。所以可以看做盡了一念三千的教義，就在佐渡最始所顯出來的本尊，是由這一句，纔顯出來了。若是用這大本尊爲信仰的正境，就不懶惰的修養的時候，在我們的身體上像本佛釋尊似的，能够體驗“即身成沸”“娑婆即寂光”的大果。這是上行菩薩化身的日蓮，所定的信仰之規範。

既然現出本尊來，這次的問題，是決定那位置的事。這樣的本尊，就是日蓮一個人的本尊呢？還是共通佛教諸宗的本尊麽？因爲決定這個問題，就得在全佛教界裏決定這本尊的位置。應這樣的要求，就說出來的，是“五重三段”的判教。

佛教是在世界的宗教裏，有最多的經典。這是佛教的長處，又是短處。因爲佛經典太多的緣故，所以在研究佛教的時候，很不方便。因爲這個，生出許多的派來，就紛亂佛教的本旨了。在中國的佛教，分爲十三宗；在日本的佛教，分爲十宗。因爲這個，按照佛教的本旨，信仰什麼佛陀爲本尊？那都是不明白了。這樣是在鎌倉時代的佛教的情形了。

所以日蓮聖人，以爲在佛教裏有諸佛，可是研究其根本，就被釋迦一佛所統一。又佛經，不論有怎麼多，也是釋迦一佛所演説的。既然釋迦一佛所演説的，是佛經，把這個總括起來，就可以當做一個佛經了。既然一佛所説的一經，是佛教；那麼整理佛教，也不是什麼困難的事。當然在其間，看出整然的體系來就行了。立在這樣的根據上，就下了教判了。這就是“五重三段”。

……合起《法華經》一部八卷二十八品，和他以前的四味的經，以及他以後的《涅槃經》等的一代經，總括尊一塊兒，只成爲一經。

——《觀心本尊鈔》，九四〇

這是聖人，獨自的全佛經觀；又是他由判教上，資助統一佛教案的著想。聖人這樣，把全佛教當做一佛一經了。所以在聖人看着整理龐大無限的佛經的事，是很容易的。若是按著一卷的佛經説，那起頭是序文，中間是本文，最後是結論。序文佛教，是本文佛教的預備，結論佛教，是本文佛教的應用。可是佛教的中心，總得是本文佛教。在一佛一經的佛教經典裏頭，《法華經》是宣説釋尊本懷的中心佛經，所以《法華經》是“正宗分，即本文”。在《法華經》以前的好些個佛經，全是“序分或緒文”。在《法華經》以後的經典，全都是“流通分或結論”。這個叫第一“一代三段”。在《法華經》裏，順次追究闡明其中心，就成第二“一經三段”，第三“迹門三段”，第四“本門三段”；可是又“本門三段”的中心，就是《法華經·壽量品》。

這《壽量品》,獨占真實本文佛教的位置。這是怎麽個緣故呢?因爲這《壽量品》,是顯露彰灼的開顯出體驗具有一念三千的妙用教義的宇宙本體——《妙法蓮華經》的人(釋迦本佛)的本地和内證來的經文的緣故。若是站在這《壽量品》的頂上,眺望全佛教的時候,在《法華經》以前的諸經,大概是緒文佛教;以後的佛經,大概是結論佛教。這叫"本門三段"。可是《涅槃經》,按着"追説衆經"的地方説,是序文佛教;按着"追泯衆經"的地方説,是結論佛教。這是在第一"一代三段"爲流通分,在第五"本門三段",屬於序分的緣故。

這樣整理佛經,分類的時候,佛教的體系一看就可以明白了。被《法華經·壽量品》的中樞神經,所統一的《法華經》以外的諸佛經的細胞神經,更得進百尺竿頭一步。因爲什麽呢?因爲《壽量品》,就是開顯釋迦的本地的能詮經文的緣故。可是在那所詮,有原意的"一念三千"的教義,信仰《妙法蓮華經》的本體(久遠本佛),爲本尊。已經被這《壽量品》所統一的一代佛教,當然得絶對歸命"妙法蓮華經如來"的本尊。這是以"南無"兩個字,冠在"妙法蓮華經"上頭的理由。

所以聖日蓮在鎌倉時代,預備十九年,現在在北海的孤島,纔光顯的本尊,不但是日蓮一個人的大曼荼羅,并且是全佛教徒的本尊。所以信佛教的人,應當除去我慢偏執的邪念,就歸命頂禮這閻浮提第一的本尊。諸宗派的學者們,大概不明白這個道理,就靠着緒文佛教,或是信仰"阿彌陀",或是信仰"大日""藥師"等爲本尊,都忘了"即身成佛""娑婆即寂光"的最要緊的事,就亂做好像"要捕池月的猿猴"似的,那麽糊塗的事。所以聖日蓮不忍看,就施行大慈折伏了。這就是聖人的化導。現在揭示第五"本門三段"的文,如下:

……又在本門裏，有序、正、流通。由過去的大通佛的《法華經》，乃至現在的《華嚴經》，以及《迹們十四品》《涅槃經》等等的一代五十多年的諸經，而且還有十方三世諸佛微塵的諸經，全都是《壽量品》的序文。

——《觀心本尊鈔》，九四二

……由“一品二半”之外，叫做小乘教、邪教、未得道教、覆相教等。若論那機根，就是“德薄垢重，幼稚贫窮孤露”，跟禽獸一樣。連爾前迹門的圓教，也還不是佛因；何況《大日經》等的諸小乘經呢？又何況華嚴和真言甚麼的七宗等的論師、人師的宗呢？與而論他，他是不出前三教；奪而說他，他是跟《藏通》一樣。假使其法雖是稱爲甚深，可是還没論“種、熟、脱”，“反倒和‘灰斷’一樣，‘化導没有始終’”，就是這個。譬如雖是王女，若是懷妊畜種，她的兒子，就還不如“旃陀羅”哪。

——《觀心本尊鈔》，九四三

這個文字，就是在“五重三段”裏頭的第五“本門三段”的全文。這遺文，是連佛學專門家，都很難了解。可是要而言之，這是像在前頭，已經講說似的，因爲確立本尊的絶對位置，就整理一代佛教的最後的判教。

既然確立本尊的位置了。其次的問題，就是述說傳統了。釋尊教化衆生的目的，不但是教化在當時的印度人，并且還要永久地教化在世界的人類，使他們成就像他自己似的佛陀。這就是釋尊的目的。因爲施行這樣的大化導，應該由他的無數的徒弟裏頭，撰擇繼承他的傳統的人。關於這個事，二萬、八十萬的迹化的菩薩們，全都没有完成佛陀使命的資格。這麼着，佛陀想：這些迹化的菩薩們，不如由久遠本地以來，志念很堅固的“本化上行菩薩們”，就在本門八品之間，關於“付囑要法五字”，及其宣布等的手續，都完了。可是本佛釋尊，把在他入滅之後，所弘布的“要法五字”，特意付囑本化菩薩們了。由老師釋尊説，叫這個是“本佛别付”，由弟子的菩薩説，這個是“本化别付”。關於這事的文字，如下：

……到了兒，不可拿我内證的《壽量品》，授給迹化他方的大菩薩們。因爲在末法之初，是謗法的國（誹謗正法——妙法的國家），而且有惡機，所以禁止他們，另外召出“地涌千界的大菩薩”來，讓他們拿《壽量品》的精髓“妙法五字”，授給閻浮提的衆生。

——《觀心本尊鈔》，九四三

按着這文字，可以明白由釋尊到上行的傳統。聖人自任光顯上行所傳的“要法妙法五字”，并且也擔任傳教的事了。這個“釋尊、上行”的傳統，是被聖人所繼承了。聖人講説這理由的文字，如下：

……現在末法之初，以小打大，以權破實，失了東西方向，天地顛倒了。迹化的四依藏起來，就顯不出來了；諸天弃了其國土不守護。這個時候，地涌的菩薩，現出到世上來，只拿《妙法蓮華經》的五字，使幼稚（在末法時代的一切衆生）服用這個（良藥）。所謂“因謗墮惡”，必由得益，就是這個。我的弟子們，想想這個罷！

——《觀心本尊鈔》，九四七

……這時候，現出“地涌千界的大菩薩”來，爲“本門釋尊”的脇士。以這在一閻浮提第一的本尊，要建立在這國。在月氏、震旦、日本，還没有這個本尊哪。

——《觀心本尊鈔》，九四八

按着這文字，就可以明白聖人，是繼承“釋尊、上行”的傳統，仗着那個使命，纔把顯出本尊的大業完成了。

因爲這個傳統，聖人的使命纔明了了。光顯本尊的由來，大概也說完了，所以以下，要講說全篇的總結。聖人在結束全篇以前確信，向覺“釋尊、上行”的傳統的日蓮，現出來的事，就是好像太陽冲破青天似的，在地上的魑魅魍魎，或是惡鬼、夜叉，連他們的影兒，也全都潛逃了。這纔實現像春天似的平和境了。這拜念下邊的遺文，就涌出不盡的妙味來了。

……天晴了，地就亮了。明白法華的人，就可以得着世法了罷。

——《觀心本尊鈔》，九四六

自覺本化傳統的聖人的見識，有多們鑽之彌堅，仰之彌高呀！

總而言之，《觀心本尊鈔》一篇，是盡了“一念三千”的教養，就光顯出《妙法蓮華經》的久遠本佛來；而且是以這本尊，給了他的弟子信徒，以及未來久遠的人們，就定了他們 信仰修養的正境了。所以在末尾的文字說：

……因爲不明白“一念三千”的人，佛陀就起了大慈悲，在“妙法五字”的袋裏，裝了這個珠子，叫他（上行）掛在末代幼稚的脖子上。

四大菩薩，守護着這個人，跟太公、周公攝扶成王，四皓侍泰惠帝一樣。

——《觀心本尊鈔》，九四九

這就是總結的文。在這文裏說“不識一念三千者”的，是指示在佛滅後末代的全人類。說“佛陀大慈悲”的，是點示絶對的本師釋尊。說“於妙法五字之袋内，裝了此珠”的，是把“一念三千”的教義，捲在《妙法蓮華經》的本體裏，以這個爲本尊，就顯出來了。説“令懸於末代幼稚之頸”的，是聖人以佛使“上行轉生日蓮”的資格，以《妙法蓮華經》的本尊，授與在當時的富木氏、太田氏、曾谷氏，和弟子檀越們，以及在未來萬世，閻浮提的一切衆生了。“四大菩薩”以下，是舉了相承釋尊的傳統的本化上行等四大士，講説這等的大士們，擁護奉持這本尊的人們的功用，就獎勸信仰了。因爲這個，可以明白《觀心本尊鈔》全篇的精神了。在題目叫《始觀心本尊》；在本文講説“一念三千的教義”，就顯出“妙法蓮華經的本尊”來；到了末後，把“觀心的法門”，捲收在“妙法五字的袋裏”，就授與人們本尊了。這麽首尾一貫，前後照應，不見一點間隙的著作，是在世間少有的。所以拜念《觀心本尊鈔》，還不能把握信仰的正境的人，不能説是真實的佛教信徒。

以上大概説完《觀心本尊鈔》的内容了。所以接着就關於“寫顯出大曼荼羅”，説一説罷。聖人從建長五年開教以來，對於《妙法蓮華經》，奉着全信仰，就修養自己，而且要教化人們了。因此，拿奮鬥的生活，過了一生了。可是信仰“妙法蓮華經如來”，爲“日蓮主義”教團的大本尊，最初發表這本尊的，就是《觀心本尊鈔》。然而《觀心本尊鈔》，單是在著述上的發表，還不是具體的舉出宗教的本尊的。這麽着，就拿《觀心本尊鈔》，作成信仰的對象，表示這是日蓮好些年,所懷着的本尊的尊貌,就作成不論什麽人,都一目了然似的本尊,就是在文永十年四月二十五日,著作《觀心本尊鈔》之後,又過了四個月,在文永十年七月八日,最始發表的《曼荼羅式的大本尊》。所説的"佐渡始顯之大曼荼羅",就是這個。所以這"大曼荼陀羅",是《觀心本尊鈔》自然而然的就變成一幅本尊的了。又在這"大曼荼羅"裏頭,是自然而然的具有《觀心本尊鈔》的内容。《觀心本尊鈔》,和寫顯的本尊,是一體不二的。在拜念《觀心本尊鈔》的時候,應該有跟信敬大本尊一樣的謹嚴態度。又在禮拜大本尊的時候,還得有很感激《觀心本尊鈔》的教義,一樣的敬虔的精神。像把《觀心本尊鈔》,和《曼陀羅式的大本尊》,分離開想想似的,不是確然味識聖人説過"當身的大事",或是寫了"佛滅後二千二百二十餘年,未曾有大曼陀羅也"的佐渡始顯的教義和信仰。

這様,流罪人日蓮,他要照破在末法萬年,人世的黑暗,就完成了未曾有的大本尊了。這是聖人,在佐渡島的中心事業,并且是他一生的最大事業。

五、赦免流罪

在聖人一生的本懷,已經發表了。那就是著作《觀心本尊鈔》和"寫顯本尊"的二大事業。

在佐渡的事業,完成了。那是發表了對内的信條。在這兒,又要着手對外的傳教。自開教以來,賭身命的諫諍國家的運動,還没成功。有這麽大的事業,横在前途,所以自然而然的不能在絶海的孤島裏埋没。可是赦免流罪的時機,得多咱來呢?

在這兒我還要説一點兒,關於發往佐渡聖人的思想。因爲這流刑，本來是在《勸持品》十二行偈文的體驗，是在末法時代，"法華經行者"的運命，并且是按着佛使"上行菩薩"的試練，所以他喜歡忍受這流刑的苦惱了。在文永十年送給富木氏的信裏說：

> 幸福啊！我身子應驗了"數數見擯出"的經文了！很喜歡啊！很喜歡啊！
>
> ——九七九

因此，就可看出聖人的精神來了。在他的心裏，有幕府永久的不赦免，這次流罪的思念。所以他的身體，就是自然而然的消滅，也因爲那是法華經行者的運命，就決意要忍受這個死滅了。在這封信裏前頭說：

> ……不赦免逐走的事情，您不要嘆息……就是我日蓮的生死不定，也能够流通"妙法蓮華經"五個字，這是没有疑惑的事罷？
>
> ——九七九

又聖人由佐渡島最初的消息，就是在文永八年，十一月二十三日，送給富木氏的信裏說：

> ……流刑的事，請不要痛嘆。在《勸持品》裏說："……"又在《不輕品》裏說："……"生命有限，所以不要愛惜。我很可願的，是佛國。
>
> ——與富木氏回信，七〇三

又在《開目鈔》的末尾說：

……因爲我日蓮的流罪，是今生的小苦，所以没有悲嘆。反倒因此，在後生能享大樂，所以我喜歡之極了。

——《開目鈔》，八二四

又入身延山之後，送給光日房的信裏，也回想當時的心狀寫了，如下：

……假令在大海海底裏，很重的石頭能浮上來，又從天上下來的雨，不落在地上，我日蓮，也不能回到鎌倉去。

——與光日房信，一四一六

這是有一點兒感傷的寫了。

或是説“生死不定”，或是説“生命有限，不要愛惜”，或是説“在後生可享大樂”。這都是表示死滅的話。聖人懷着假使我的身體，在佐渡島成了土，也能够流通《妙法蓮華經》的確信。這是一點没有疑惑的了。又就是在今生受流罪的苦惱，就死滅，向未來也預想着“可願的，是佛國”了。可是在“後生的大樂”的希望，等着他的了。回到鎌倉去，或是不回到鎌倉去，這按着聖人的内面生活説，那是不成問題了。特别著作《開目鈔》時候的前後，在塚原的雪裏，歷然的可以見决死的覺悟。“若是我被斬首的時候，我打算留下我日蓮的一個不可思議的事，就立意”的《開目鈔》，是這樣心狀的産物。這已經在前頭説過了。

可是這樣的工夫，在嫌倉他的弟子和檀越們，都很盼望赦免他們的老師傅的流罪，再回到鎌倉來。這麼着，看着他們是向幕府裏的歸心聖人的人，秘密運動了似的。

又在四月十日，送給富木氏的信裏，列舉被幽閉在孤島的理由三條說：

……大約拜察經文，我日蓮是“《法華經》的行者”的事，是没有疑惑的罷？可是現在還不蒙佛天的加護：一是因爲諸天善神，全都打這惡國走了的緣放罷？二是因爲善神，没嚐法味的緣故，所以没有威光勢力罷？三是因爲大惡鬼，侵入到“三類”的心裏頭，所以連梵天、帝釋，也没有法子了罷？……一個一個的法文道理，改日寫這個，要進呈。可是在一生，是本來斷念了；到如今没有飜過來的事，而且也没有遺恨了。好些個壞人，也是善知識。“攝取”和“折伏”的兩義，這是據佛説，全都不是私曲。萬事期望“靈山净土”。

——八三六

或是説“到如今没有飜過來的事”，或是説“攝取和折伏的兩義，這是依佛説”的，這都是説明自己的態度。又説“在一生是本來斷念了”，或是説“萬事期望靈山净土”的，這是表示決死的覺悟了。又在五月五日，寫給富木氏，及他的門弟的《真言諸宗异目》的序文裏説：

……臉上現出願意赦免我日蓮的樣子的弟子，是不孝的人。一點兒不要扶助我的後生。你們各人要知道這個意思。

——八五五

按着這遺文，可以窺知聖人表示决然的態度，就叱責姑息的赦罪運動了。

可是聖人在這樣的靠着法義，按着在末代的“法華經行者”“上行菩薩轉生”的人，對於這流罪，有很强大的理性的表面，還有按着人間的兒子的感情的一面。這是很有興味的。他後來打身延山，送給故鄉房州的故人光日房的信説：

……從過去的文永八年辛未九月的時候，被逐走到北海佐渡島去了。在相州鎌倉住的時候，戀眷故鄉房州。雖然是我的故鄉，可是在那兒的人們的心，因爲自然的不好親熱，所以平常日子没有來往的事，就過去了。那麼既然成了斥逐的身，應該被處死罪了，可是暫時被逐走國外，不能恬静的回到鎌倉去。若是不回去，又不能見著我父母的墳墓。因爲這麼想着，到如今想起來，恨不得要飛去似的。

——與光日房書，一四一四

戀慕故鄉的思念，追懷父母的情意，這樣彩色很濃厚的表顯在這文字裏頭了。到風冷浪大的北海一座海島，成了流罪的身子，就過了日子了。在這時候，回想在暖和的南方海濱，被抱在他父母的懷裏，就睡覺的幼時，有多麽動摇他的心情呀！可是在聖人的身上，擔任着最大的使命。既然這因爲是救國和傳教，就受的流罪，所以不能竟戀着望鄉的思念。就是仗着在鎌倉他的弟子和信徒等的秘密運動，就被赦免，這樣憐憫的意思的赦免，在聖人，并不是情願的。若是在幕府當局者，悔恨前非，歸伏聖人之後，赦免流罪，那可以受納。若不然，斷乎的不能受納。所以聖人誡飭他的門弟的言動説：

……臉上現出願意赦免我日蓮的樣子的弟子，是不孝的人。一點兒不要扶助我的後生。你們各人要知道這個意思。

——一八五五

這實在是堂堂正正的誡飭，連一點兒妥協也不準的偉丈夫的態度了。可是在這樣的斷乎態度的裏面，有一定能够被赦罪的確信，而且希望赦罪了。那是怎麽個緣故呢？那是在鎌倉，還有没辦完那很要緊的使命的緣故。總得要再回到鎌倉去，諫諍幕府，使他歸入"法華經主義"，就救濟國家的萬急。他又確信我日蓮，真實是《法華經》的行者，因爲達成其使命，應該被赦罪的。所以他告訴最蓮房說：

……若是您的斥逐，快快的被赦，回到京都去，我日蓮，就是鎌倉大人說："不赦。"也禱告諸天等，回到鎌倉去，就要寫一封信，發送京都去。若是我日蓮先被赦，回到鎌倉去的時候，祈禱佛天，就使您回到京都去。

又在四條金吾夫人患病的時候，聖人送給她的回信裏說：

……若是在這座海島的大難，被赦免的時候，趕快的回到鎌倉去，見面罷。

——九八六

又在寫給光日房的信裏說：

……可是《法華經》是真實，日月不捨我的時候，大概回到故鄉去，又可以拜我父母的墳地罷。這麼放心的想着……上高山去，高聲地絶叫説：使我回到本國去的緣故，所以……

——與光日房書，一四一六——一四一七

聖人確實的懷着，可以回到鎌倉去的希望和自信。所以當聖人由佐渡島動身的時候，寫給住在佐渡的時候，他很受恩的人——遠藤氏一封信説：

我日蓮這次被赦免，回到鎌倉去。“如我昔所願，今者已滿足”，就是這一年罷？

——與遠藤氏信，一〇三五

這麽樣喜歡，是應該的。

以上説完，聖人對於赦罪的心意，所以接着要説説，幕府關於赦免他的態度。

原來把聖人，處發往佐渡以前，在幕府裏頭，覺着有點兒歸心聖人的人。又一面覺着有生張處罰聖人的人，在他們心裏頭，也對聖人生起恐怖的思念來了。所以因爲把在龍口的斬罪，秘密地實行，就可以窺知一方是忌憚“貞永式目”的精神；可是一方對於幕府裏歸心聖人的人，有一點兒客氣的結果。已經在這次流罪的當初，在幕府裏漂着這樣的空氣了。

像聖人在佐渡，警告了本間重連；又像在“問注所”，切言了賴綱似的，到了文永九年二月，應驗了聖人所説的“自界叛逆難”，就是時輔的叛亂。又聖人所謂“他國侵逼難”的蒙古來襲，刻刻逼迫來了。實在是國步艱難的時候了。在這兒，幕府不能不改變，向來對聖人的態度。最初要殺害聖人的人，也是覺悟那是不成的事；可是他們怕聖人的思念，就變成了尊敬聖人的心情。又幕府本來對於聖人，以爲："這個人，是紊亂人心的浪人，并且是妨碍國政的兇徒。"可是現在反倒成了，應該承認，"聖人是真個憂國的志士，先知的聖者"的狀態。

趁着幕府對於聖人這樣的態度，在鎌倉他的弟子和檀越們，就是從遠遠的佐渡，傳達禁止運動赦罪的嚴命來，也不弛緩秘密運動赦免了罷。可是這個運動，合宜時機，有相當效果的事，看那結果，就可以明白了。

在這個時候，北條氏一族裏，表現最具體的歸伏聖人的心情的人，就是執權時宗的叔祖——北條時盛。這個人，對於聖人請願，要成他的弟子，或是檀越，奉贈大刃爲布施，并且托聖人給他祈禱。這個事情，據聖人在文永十一年二月二十一日，送給時盛的信，如下：

……因爲我日蓮，是"法華經行者"的緣故，所以有"三類"的强敵，遭了種種的大難了。可是成了這樣人的弟子，和檀越的事，這是不可思議了。一定有因緣罷。

請十分誠心的信仰《法華經》，就參詣"靈山净土"啊！又爲祈禱，奉送本尊大刀小刀一共兩把了。這大刀，覺得是有名的鐵匠所做的。這跟"天國"，或是"八劍"，或是"鬼切"；在异朝的"干將""莫耶"的劍，比較有什麼差异呢？把這奉給《法華經》了。您拿這個的時候，這是壞刀，因爲現在奉送到佛前，所以成了好刀了。譬如鬼發了道心似的。哎呀！不可思議啊！不可思議啊！

在後生，可以靠着這刀當棍兒。《法華經》，是發心三世諳沸的棍兒！但是可以靠着我日蓮，當棍兒，或是柱兒。

——與北條時盛氏回信，一〇三三

時盛托聖人，給他施行“現在安穩”，和“後生善處”的祈禱，這就是對於聖人，絶對的信服。聖人入身延山之後，時盛特意打發人，訪問聖人去。這麼着，聖人寫給他一封信，就表現感謝的意思了，如下：

到用一天的工夫不能回家，那麼遠的地方，打發使者來，很是喜歡！

——與北條時盛入道信，一七六三

幕府要人的動摇，和他門徒的運動，這内外兩個事情，合在一塊兒，到了兒，有關於流罪人日蓮的評議了。結果，決定了赦免流罪。在文永十一年二月十四日，發了流罪人日蓮的赦罪狀。使者帶着這赦罪狀，立刻就向佐渡島起身了。把這赦罪狀，交到聖人的手裏，是三月八日。

……文永十一年，二月十四日的赦免狀，在三月八日，到了海島了。

——《聖人自叙傳》，一四〇五

有人説：這赦罪狀，經宿尾光則的手，交給他最愛的徒弟日朗。日朗帶着這道狀，欣喜雀躍地渡過大海，到佐渡島去了。

這麼着，長久流罪幽囚的身，纔被釋放，又成了自由的人了。

聖人接到赦罪狀的時候,他的心裏是怎麼樣了呢?大概喜歡了。由鎌倉幕府的覺醒,纔着了弘布妙法,和安泰國家的兩件大事的端緒罷。更懷着回到鎌倉去,要根本的解决這個問題的希望罷。聖人想這赦罪狀,是北條氏歸伏他的表示,就很喜歡的收納了。就是他打佐渡島裏,起身的時候說:

"如我昔所願,今者已满足",就是在這年罷?

這麽喜歡了。在聖人的心裏頭,有這樣的希望;可是他的這個喜歡,不衹是漫然的喜歡,由流罪被釋放似的,那麽平凡的歡喜了。

聖人打海島裏動身,是從接到赦罪狀的三月八日,過了六天,就是十三日。在"光日房的書"裏說:

……文永十一年,二月十四日的赦免狀,在那年三月八日,到了佐渡島。在那月十三日,解這海島起身,下了真岡的津。

——四一七

聖人動身的時候,年高的阿佛房們,怎麽悲嘆跟聖人的離别了呢?那是推量不了的。十三日打一之谷起身,在途中一宿。第二天走了真岡的海岸。在十五日,到了兒,跟三年之間,很親密的人們,約定在"靈山净土"再會之後,離别,就解纜離開回想很多的佐渡島了。

四年以前的冬天,聖人懷着悲壯的覺悟,到北海的孤島來,被處流罪的聖人,現在眺着洋洋希望的光明,打初春的海上,航行到本土去了。

在三年之間的收獲,成了一顆的寶珠,在他的掌心裏放光哪。

他拿着這個寶珠，在離近的未來，回到鎌倉去，要打算施行第三次的諫諍國家；在離遠的未來，打算當在未來萬年，流通妙法的大事。遥遠的眺着本土的天，耽了什麼感想了呢？可是在“法華經行者”的前途，謗法的風還烈，并且恨僧的浪還大。因爲這航海也很浪大，所以在十五日，應該可以到越後的寺泊港，可是海路困難，到了十六日，纔漂到柏崎。第二天在直江律住宿，又過了嫩芽新鮮的信州的山路，日子不多，入到了春草萌芽的武藏的平野。這麽着，走到了鎌倉的時候，就是三月二十六日。在這次的路上，迫害聖人的人們，也群集了。以信州的“善光寺”爲中心，有信越兩州的念佛行者，真言師和持律的和尚們，集會，他們要打算迫害聖人了。可是因爲有官憲的警戒，所以能够平安地通過去了。現在把這個情形，徵聖人的遺文，如下：

……有在越州的國府（直江津），和信州之“善光寺”的念佛行者、持齋，以及真言師等聚在一塊，就商量了。雖然他們商量説：“在佐渡島的法師們，到如今（使他）生還。他們是乞丐奴。我們有什麼法子，不要讓他走過，生身的阿彌陀佛前邊去？”可是從越後的國府，又添好些個兵跟着我日蓮，走過善光寺了，所以他們没有法子了。在三月十三日，由海島起身，到三月二十六日，回入鎌倉了。

——《聖人自叙傳》，一四〇六

在鎌倉的富木、四條及好些個信徒，歡迎聖人。他們都欣賀聖人的回倉，并且祝福妙法的弘布了。這次聖人的回倉，在聖人和弟子信者們，實在是凱旋了。旗鼓堂堂的回到鎌倉來了。在四年以前，被幕府按着流罪人，處罰的聖人，現在成了法界的凱旋將軍，就回入鎌倉了。

六、最後的諫諍

這麼着，聖人在四月八日，要實行最後的諫諍。上幕府去了。聖人說："我有三次的勳功。"可見很重視這諫諍了。那麼"三次的勳功"，那是什麼事呢？那就是，第一，是在文應元年七月十六日，以《立正安國論》，呈上北條時賴的事。第二，是在文永八年九月十二日，拿書信諫諍平賴綱等的事。第三，就是這次的諫諍了。

> 爲報國恩，可以諫諍，到三次。從此以後，不要諫諍。

這是聖人的持論。因爲這次，北條氏對於聖人的態度，比以前變好了。所以聖人對這次的諫諍，懷着多大的期望罷。可是若是又由這個諫諍，不感動北條氏的心的時候，有斷然退去鎌倉的決心。那諫諍的景況，據聖人的遺文，如下：

> ……在那年四月八日，會見平賴綱了。不像以前的傲慢的樣子，現在是威儀温和，態度端正。有個"入道"，問我念佛；有個俗人，問我真言；還有人問我禪宗了。平賴綱，問我"爾前"得道的有無。我一個一個的引用經文，回答了。
>
> ——《聖人自叙傳》，一四〇六

這是在會見的發端的光景。連以前自己當死刑執行長的賴綱，現在也對於聖人，懷着有個期望，就尊敬他了。其外列坐的官員們，也恭恭敬敬地跟聖人請教了。這樣問答應對完了之後，不大的工夫，平賴鋼，代表執權發了一個質問說：

> 大蒙古國，多咱渡到我們國來呢？
>
> ——《聖人自敘傳》，一四〇六

聖人立刻就明明的回答說：

> 今年是一定來。
>
> ——《聖人自敘傳》，一四〇六

并且還懇切地教給他說："若是把降伏敵國的祈禱，使真言師們施行的時候，國家一定要滅亡的道理，和安泰國家的方法。"就退出執政府了。（取意）可是按着北條氏的地位，在那個時候，不能采納聖人的諫諍，禁止真言、念佛等，而且把國家存亡的大事，托給一個布衣的日蓮了。這麽着，幕府立了一個妥協案，就要懷柔聖人了。就是幕府請聖人自己隨意祈禱國家的安泰，不做禁止餘宗派，和折伏這些派的運動；并且提議給聖人建了一座很壯麗的佛堂，及奉獻香火地一萬八千畝地。那時候，聖人儼然拒絕這個提議說：

> 折伏諸宗派，是爲期望確立妙教。確立妙教，就是安泰國家的基礎。若是停止折伏，那就是跟抛擲我日蓮的主張一樣。假使幕府以華麗的佛堂和肥趼的香火地，也不能跟這弘布妙法的態度，交易。因爲我的身子，是在這國家裏，生出來的，所以隨順國法；可是精神是自己的東西。我的精神，不能隨順幕府的意見。

可是那個時候，正有旱魃，幕府叫一個真言師，加賀法印，起四月十日施行求雨的祈禱。這是對於聖人的侮辱。聖人看見幕府，没有誠意就想：

……這是本來所期望的事。就是若諫諍國家三次，還不采用的時候，就應當要去國。

——《聖人自叙傳》，一四〇一

這樣斷然的决意要離開鎌倉，并且覺悟要静静的建設，萬年弘法的基礎。聖人最初想着救濟世界的第一步，是先净化日本國，可是現在因爲北條政府頑迷的緣故，所以捨了這個諫諍政府的希望；更懷着不如直接對於國民和世界，廣布妙法的思念了。到這兒，因爲預備這樣的傳教，聖人將要入山林的生活了。

回想，從建長五年，四月二十八日的早晨，到今年就是文永十一年，五月十二日晚上；從三十二歲，到五十三歲，一共二十一年之間，想了好幾樣的法子。在日本國，確立弘布妙法的基礎就要在世界，宣傳"法華經主義"，所以費了好些個苦心和焦慮；遭了種種的迫害，可是現在希望的繩子，被切斷了。這麽着，静静的退居山林，要做第二次的運動。在英雄，不要有悲觀的泪。斷想鎌倉政府的聖人，更拿慈悲的泪，要灑在國家和世界。在建治元年的信裏，寫了當時的心狀説：

……（我的法門是）爲扶助（國家人民）説出來的，可是反倒被這麽樣的敵視；所以以前被赦罪的時候，應該從佐渡島，遁到什麽山中，或是海邊去；可是拿這個事，再告訴平賴綱，我要救助在日本國，還没彼我攻的衆生，就上鎌倉去了。又已經告訴他之後，不要留在鎌倉，所以隨着脚，出外了。

——與高橋入道回信，一二八三

順風揚了帆，離開佐渡的時候，聖人要打算拿捲土重來的勢力，再做諫諍國家的大運動。可是他有幕府再不采納這次的諫諍的時候，就有立刻退居山林的覺悟。這麼着，現在已經絕了諫諍國家的希望，就得退居山林。在這兒，悲風慘雨半生的幕，纔閉了。可是接着靜靜地開展光風雲月的場面來了。救濟幕府的諫諍，就停止了。可是要濟度日本國、漢土、月氏，乃至一閻浮提的永久運動，是從此以後哪。

第四章　身延山時代

一、身延山的自然界和他的生活

到了文永十一年，五月十二日，二十一年的工夫，用獅子奮進的威勢，縱横打戰的日蓮聖人，忽然收束那法戰，捨了鎌倉，就向白雲很深的地方去了。

諫諍三次，不采用的緣故，所以退居山林。

這是從最初所預期的事。所以可以説，聖人的入身延山，是預定的行動。可是聖人的入山，跟伯夷、叔齋，或陶淵明等，因爲世間，不容自己的主張，就遁世入山林，不一樣。他們的遁世，是怨恨人們，拗於世間。這樣的遁世，竟是遁世本身，證明自己的潔白，就滿足的。這以上没有什麽積極的意味。聖人的入山，不能跟這樣的遁世，一樣看。假使他嫌了北條氏的頑迷，就斷想在現在的幕府了，可是在未來，還懷着洋洋的希望。那就是因爲在永遠的世界，廣布妙法的大佛事，應該建立萬年的大計畫。他退居山林，不但是諫諍三次不采納的緣故，還是把"妙法獨繁昌的時候"，爲理想的行動。

……現在是一定了。什麽大難，也要忍受，已經拿我身子，試一試了；可是因爲没有不審的緣故，所以在這座山林住了。

——與三澤氏書，一七〇五

聖人自己，是上行菩薩化身的事，照着在他半生的迫害和在佐渡島的生活，一點兒也没有不審的地方了。所以入到這座山林，要静静地建立未來萬年的大計畫。按着這遺文的意思，在他半生的迫害，反倒看着像把光輝添加在入身延山上了。這入身延山，有這麽深遠的意味。

在聖人的前途，還有這樣光輝的希望；可是打過了多難生活的大部分的鎌倉，起身的時候，他一定捨不得鎌倉了罷。因爲留在鎌倉，好幾個弟子和檀越們，拿永久不回鎌倉的覺悟，就動身了；所以在他的心裏的哀念，是最深了罷。在七里之濱，聽離別波浪的悲曲子；在龍口回想早年的活劇，不大的工夫，過了平塚的鎮店，那天晚上，宿了酒匈村，聽着松風和濤聲，就過了静寂旅行的第一夜。在十三日，越了足柄山嶺，住宿在富士山底下，竹之下村。十四日沿着黄瀨的流水，就止宿車返，十五日整天仰看“富士山”，走上浮島之原，到了大宫鎮店。十六日宿在南部鄉裏，内房村；那天終夜被富士山的水音，醒破了旅路的夢。十七日順着富士山，纔走到波木井鄉了。就受着波木井實長的歡迎，成了身延山裏的人了。

……從六月十日，在這深山裏住，出門不很遠，已經過了五年了。

——興妙法尼回信，一七七九

從此以後，九年的工夫，成爲在這座山中的聖者了。那麽聖人最後的住處，這身延山的自然界，是怎麽樣子呢？從此底下揭示他的遺文數節，就要説明：

……到了最後，隱居這座山裏了。這山的様子，西方有七面山，東方有天子嶽，北方有身延山，南方有鷹取山。這四座山，高峻到天上，鳥也不能飛過去。在那裏頭，有四道河；就是富士河、早河、大白河和身延河。在其中有十八畝多地的平地。在此處，蓋了一所庵室了。白天不能見太陽，夜裏不能拜月亮；冬天雪很深，夏天草很盛；因爲訪問我的人不多，所以道兒不能踏開。

——《聖人自叙傳》，一四一三

這地方，是像這遺文似的，四面都被圍繞着高山；那後邊兒連着信•甲的山脉；那前邊接着富士川的急流；差不多，這是没有可形容話的，那麽静寂的仙境。

……在這四座山、四條河裏，有像掌大的平地。在這兒，蓋了一所庵室，躲避風雨。剥了木皮做成四壁，拿自然死亡的鹿皮做成衣裳，春天取厥菜來養身，秋天拾果子支持生命。

——與秋元太郎氏回信，一九三九

這個庵室，是像草房子似的。所以數年之後，就朽壞了。

……過去的文永十一年，六月十七日，在這座山裏，打鋸樹木，蓋了一所小庵室了。從此以後，在四年之間，柱子漸漸兒的朽壞，墻壁也倒壞了。可是没有修理，所以在夜裏雖然不點燈火，可是借着月光，奉念聖教；雖然我親自，不奉捲佛經，可是風兒，自然的奉飃飜過來了。究竟到了今年，十二根的柱子，都四散了，四方的壁，都一塊一塊兒倒了。

——修理庵室書，一六五七

在很寂寞的深山幽谷裏，過了這麼陰慘的日子了。這是比較在北海佐渡島裏，跟冰雪交了皮膚，是差不多的。不是安逸的詠風月，并且做滿足自己的夢了。這就是刻苦練行的修道院，而不是風流三昧的隱棲處。

又在身延山生活，怎麽缺乏物質呢？這個事情，也列舉他的遺文，要說明：

原來有草庵的地方，是在山澗，像掌大似的地方。所以假令自己耕作，也没有那麽多的收穫。所以大概靠着信者們的供養，繼續着生命了。

……在昆仑山没有石頭，在身延嶽没有鹽。在没有石頭的地方，石頭比寶玉還好；在没有鹽的地方，鹽比大米還好哪。

——與南條氏回信，一四三三

芋頭一駄子，送給我了……雖然在山澗裏，碌塊的石頭多。可是像在駿州的芋頭似的石頭，一塊也没有。芋頭是很珍重的東西，比在夜裏的燈，還好；而且比渴時候的水，也好了。

——與九郎太郎氏回信，一五二〇

前者是對於建治二年九月，南條氏，奉獻聖人鹽的感謝信；後者是對於同年三月，太郎氏，供養聖人芋頭的感謝信。在深山的生活，怎麽窮乏物質呢？那是按着這遺文，就可以明白了。在弘安二年六月，把這樣的窮乏的事情，告訴松野氏說：

……因爲我們是有待的依身，所以若是不穿衣裳的時候，風就浸身。若是不吃的時候，生命就不能保持。比如燈不添油，火不添柴似的。生命怎麽能够繼續呢？若是生命不能繼續，又絶了自己可繼的力量，一天乃至五天，讀頌《法華經》的聲音，也要斷絶；在止觀的窗前，草很繁茂罷。

——與松野氏回信，一八五九

連在春天，和秋天的好節氣，也這麽樣的困窮，來攻聖人了。况且在复天的淫雨，或是在冬天，大雪的時候呢！复天大概因爲下雨增加了各處的河水。特別富士川的水泛濫，屢次的崩壞，道路和山岳。這樣的時候，交通斷絶，遭了絶糧食攻的事，也不少了。

……駿州和甲州的境界，山很高，連在平時河水，也很深，石頭很多，道兒很狹。况且在常時，暴雨下了三個月的工夫，河水泛濫到九十天。山坡崩壞，道路閉塞，人也不能走，糧食絶減，盼望着救命，這時候您正奉供養佛前，這好幾樣的東西，就奉翳《法華經》的飢餓；并且奉扶助釋迦佛的聖壽了。

——一七四六

……今年從正月，天天兒下雨，特別是由七月以後，大雨不住。此處是山中，而且南方有波木井河，北方有早河，東方有富士河，西方是深山；所以淫雨暴雨，時時日日的繼續的時候，山坡破裂，就埋没山澗，石頭流閉，就閉塞住道兒，河流的很激烈，所以船不能通過。因爲没有富豪的人，就五够也不多。没有買賣人，也没有人們群集來。七月的時候，一升鹽寶一百錢，五合的鹽換了麥子，可是現在鹽，也全都没有了。以什麼可以買呢？醬也絶了。好像小兒要吃乳似的。

——與上野氏回信，一七九三

這兩節遺文，是在弘安元年夏天，淫雨的時候，送給信徒的書信的一節。在那一年六月二十六日，聖人在寫給池上氏的信裏説：

一桶醬受納了。我的痢疾，服用左衞門大人（池上氏的父親）的藥，治好了。又嚐嚐這個醬，越發神氣回復了。

——與池上兵衞志氏回信，一七三七

像這些遺文，聖人的生活，不是質素，倒是缺乏的生活了。醬或是鹽，在聖人差不多像奢侈品似的。在夏天被暴雨，所絶糧，在冬天被大雪，飢餓和寒氣所攻。雪到了十月，就下起來了。下雪又下雪，到第二年四月，纔能看着青草。入山第二年的冬天，就是建治元年，十一月二十三日，聖人之送給富木氏的書裏説：

已經您知道身延山，是在冬天嵐很激烈，積雪不化的那麼最冷的地方。所以在晝夜的行法，因爲是穿的衣裳單薄，就忍耐不了，很辛苦了。

——《本尊得意鈔》，一三三〇

這麽樣，實在聖人的健康，一年比一年，衰弱起來，感冷氣越發痛切了。特別是在弘安元年，就是入山的第四年，聖人五十七歲的冬天，下了好大雪，寒氣很激烈。到了兒，他得了病了。把那時的情形，細細兒的寫給池上氏了。如下：

……説冬季冬天，那個不冷呢？

……可是在今年，别的地方怎麽樣呢？在這波木井邑，覺得太冷出了圈了。問古老人們，到了八十、九十、一百歲的老人，回答説："在古時没有這麽冷的天。"打這庵室四方的山外，一里半多地，三里多地，没有人來往，所以不知道雪有多少尺深。在近邊兒不很遠的地方，雪有一丈，二丈五尺深等。在這閏十月三十日，下一點兒雪了，可是不大的工夫，就化了。從本月十一日辰刻，到十四日，下了好大雪了，而且隔兩三天下一點兒雨，所以雪凍的好像金剛石似的那麽硬。現在還没化，晝夜冷的出了圈了。酒凍得像石頭，油凍得像鐵似的。鍋釜，若有一點兒水的時候，就凍破了。寒氣越發高起來了，可是因爲穿的衣裳單薄，而且吃的東西缺乏，所以没有出門的人。庵室是荒廢，所以風雪隨便颼入颼去，也没有褥子。因爲没有出門的人，就没有劈柴的緣故，所以不能爖火。穿一件舊和有泥的衣裳的人，他的皮膚顔色，是像紅蓮大紅蓮似的。聲音，跟波波大婆婆地獄，没有差异。手脚，都凍破了，凍死的人很多。在俗人的鬢上，掛着瓔珞，又在僧人的鼻子下，掛了鈴鐺。

——與池上兵衛志氏回信，一八二二

弘安二年冬天，雪下的也可以的。

……雪下的有五尺多深。所以本來没有人來往的山道，就更閉塞了，訪來的人也没有。穿的衣裳很單薄，不能禦寒。吃的東西絶乏，生命將要告終。

——與上野氏回信，一八九一

弘安三年的冬天，也下了大雪。

……從去年十一月，下了雪堆積，到第二年的正月，就是現在，還不住。庵室是七尺高，雪是一丈深，四壁用冰成壁了，檐的冰柱兒，好像莊嚴道場的瓔珞之玉似的。在屋子裏，拿雪堆積，像大米似的。

——與秋元太郎回信，一九三九

又自弘安四年年底，到五年正月，下了大雪。那時候，他因爲病，特别苦惱了。

……説病，説年齡，一年比一年身弱、心耄；而且到了今年，從春天犯了這個病（慢性腸胃病），一直過了秋天到冬天，一天比一天的衰弱，一夜比一夜的利害了；可是這十幾天，已經飲食，差不多不進了；而且大雪堆積，寒氣逼迫我了。我的身體冷的，像石頭，胸口凉的像冰似的。

——與上野氏母堂回信，二〇八二

按着這些個遺文，就可以明白，在身延山的生活，怎麽缺乏物質了。聖人的身延山生活，在肉體上，實在是辛苦的生活，就是確然苦修練行的生活；可是在精神上，反倒讚詠佛國的風光了。我們應該看看這玲瓏的內面的生活。以下列舉他的遺文，就拜察聖人的明朗心境罷。

在他入山第二年的秋天，就是建治元年，八月二十一日，作了《身延山御書》。在這御書裏，用優麗的筆法，敘述這樣的心境了。如下：

在身延山的住處，是實在神仙們，也由天上降下來，加護吧！連無智的匹夫匹婦，也留心這座山。在覺着很寂寞的秋天晚上的時候，在草庵傍邊兒，露水很大；群集在房檐底下來的蜘蛛，好像串珠子似的。在山峰的楓葉，不知甚麼時候，那顏色更變深紅了。那影兒，照到似流的斷斷的筧水裏，那時就聯想很出名的龍田河的上流地方，也是這麼樣的罷？

又在後邊，峨峨的深山聳起，在樹梢上，結了“一乘的果子”；在矮枝兒上，所鳴蟬聲很吵；在前邊，湛著湯湯的流水，浮着“實相真如的月亮”，“無明深重的暗”晴了，就是在“法性的天上”，也没有雲彩。因爲這樣的地方，所以在草庵裏頭，白天整天的論談，“一乘妙典的聖法”；夜裏整夜的竟有誦持要文的聲音。以傳聞的釋尊所住過的鷲峰，移到本朝的這地方來了。連立霧嵐烈一點的時候，也入山樵薪，踏開深露的草，就下了深山澗去，摘芹菜，在流得很快的溪流的巖瀨，洗菜，擰了袖子，那難乾不痛快得思念，好像是往時人丸所詠的就是：

在和歌之浦，垂着藻汐，渡世的漁夫，也是這樣似的罷？這麼就想了……

在這時候，明白了種種想着在觀念的床上，結了夢，可是被戀想母鹿的聲音，所驚醒。在我的身子裏，“三諦即一”“一心三觀”的月亮，没曇的清澄；可是可惜！“無明深重的雲彩”，覆着這個，從古時到如今，輪回生死的九界的事，就自然的這樣想想了。

蒙在身體上的浮雲，也可以放晴了罷！靠着颳起鷲蜂的山風，就是妙法華的風罷。

——一二九七一一三〇六

在街頭獅子吼的預言家日蓮，成了在山中目適的詩人。可是又在優美的詩裏邊，有着深刻的《法華經》信仰的流脉。這是不能不看的事。

在弘安四年九月，寫給南條氏的信裏說：

……這兒是遠離村鎮的山中。東南西北，都没有村落。雖然是這麼最寂寞的幽窟，可是我因爲在靈鷲山，相傳教主釋尊的一大事秘法來，就秘藏在我日蓮的肉團胸裏，保持了，所以在我日蓮的胸裏，是諸佛入定的地方，舌頭上是轉法輪的地方，咽喉是誕生的地方，口裏是正覺的地方罷。因爲這兒，是這樣不可思議的法華經行者的住處，所以此處怎麼比那靈山净土劣呢？

——一〇六九

由信仰被靈化的山中生活，决不是一般詩人的心境。在聖者的心裏頭，是體驗了超越時間和地方的“常寂光的佛國”。所以他在弘安二年的信裏說：

……我日蓮雖是在世間，日本第一的窮人，可是若按着佛法論，又是在一閻浮提（世界）第一的富人。

在物質的生活上，極零落的一個窮人，其肉體很衰弱，有時候，連念經的聲音，也斷絶了；可是在精神的生活，平常日子，光風霽月，浴着佛光，在身延山的自然界，認得佛國的莊嚴，就覺着“是在世界第一的富人”的清净歡喜。可是聖人，不是靠着苦修練行，或是僅僅的法悦，就滿足的遁世者。他是在這樣的山裏，還憂國想世的志士；而且是要熱心弘法的宗教家哪！不是因爲國家不容他的主張的緣故，就拗於衆，作退居山林的生活。假令鎌倉幕府，不采納他的諫諍，他還有以《妙法蓮華經》主義，救濟在末法萬年的世界，和群生的抱負。所以在身延山的聖人，是因爲廣宣流布的預備，就訓練教團，教養弟子和著述傳教書等，忙的利害。而且在他親自，有擴張教勢；在國家有外敵的來攻，内外都是事情很多的。

二、著《撰時鈔》和《報恩鈔》的動機及其内容

聖人入山的目的，是從現在，到未來萬年的廣宣流布的事，已經講説了。他因爲實現這個目的，對於他的弟子和檀越們，留給要緊的教訓；又有了傳教上重要的著作。

聖人和他弟子的關係，在次節要講説這個；在本節，是諭重要著作的内容等。

在身延山時代，有好些個著作，可是其中，在量又在質上，都有代表的著述，就是《撰時鈔》和《報恩鈔》。前者，在聖人入山的第二年，就是建治元年六月成功的。後者，在第三年就是建治二年七月，完成了的。可是著《撰時鈔》的動機，覺着是在文永十一年，第一次蒙古來攻，應驗了他的預言。《報恩鈔》，在建治二年，三月十六日，他的老師傅清澄寺住持，道善房的圓寂，那是執筆的動機。可是這

兩部書，發表擴張宗教的意見的地方，都是一樣的。在文永十年的《觀心本尊鈔》，是顯示宗教的本體。現在這兩本書，是發表拿那個宗教的本體，打算要弘布到全世界的理想的。在其中，《撰時鈔》，是按着時代的要求，單是揭示“一秘的《妙法蓮華經》”，就論了“廣宣流布”。《報恩鈔》，是開出“一秘的本尊”，就成了“三秘”，説明在廣宣流布時候的信條。

在《撰時鈔》裏，按着時代就是歷史的發達上，探究在印度、中國和日本三國佛教的興廢得失。結果，以到如今的佛教諸宗派，全都做爲已經滅失，那威力的舊佛教。那是什麼緣故呢？那是現代是在《大集經》，所説的“鬥諍堅固，百法隱没”時代的緣故。又在這書裏，痛論在日本國，招起承久的變亂來的，是捨了一佛主義的《法華經》，反倒崇信二佛主義的真言密教的結果。又尋討佛教的正系，就撰出在印度的龍樹、天親，在中國的天台、妙樂，在日本的傳教來；其中雖然誇獎傳教大師，在比叡山，法華的圓定、圓慧以外，更要建立圓頓戒壇的功績；可是已經到了鬥諍時代的現在，那也是去年的黄曆，没有什麼用處了。

在這樣的時代，應當跟舊佛教交换的，是唯有繼承“釋尊、上行”的傳統的日蓮法華佛教。這個佛教是在末法時代，總得要“廣宣流布”的新佛教；可是在日本國的佛教徒，没有鑑察時代的明識，僅有對一機一緣，要宣傳“應病與藥”“随宜方便”的個人的佛教。是多麼不合時代的宗教呀！這樣所論的，就是《撰時鈔》了。

本來佛教，是鑑察時代，就得指導人類。所以不要竟迎合個人的心理，忘了一般時代的趨勢。順應時代，指導人心，就是佛教。若是無視進化的原則，和歷史的發達，陷入到個人主義的弊害，佛教的價值，就全是零。他要救濟，已經陷入這樣弊害的當時的佛教，并且要教誡在未來的佛教徒，就著述的，是《撰時鈔》。

以下要講説一篇的大要：

> 學佛法的法子，必定要先研究時代。
>
> ——一一八九

這樣在開卷劈頭，以要注意時代大勢的事，戒告人們了。又説：

> ……如來的教法，必定隨順機根的事，是在世間的學者們，都知道了。可是佛教不然。若是佛陀爲上根上智的人們，必定要演説大法，在他初成道的時候，怎麽没演説《法華經》呢？那麽在正法時代裏，前五百年（把正法時代一千年，分爲兩個，前五百年，後五百年），應當流通大乘經罷。若是佛陀，對有緣的人，説大法，向净飯大王和摩耶夫人，不要説《觀佛三昧經》和《摩耶經》。若是佛陀，拿秘法不給無緣的壞人和謗法人，那麽覺德比丘，對於無量的破戒人們，不要授給《涅槃經》；不輕菩薩，怎麽向誹謗的四衆，弘通《法華經》了呢？所以隨機説法的話，是很大的僻見。
>
> ——《撰時鈔》，二〇七

一拜念這個文字，就可以明白，聖人的主張，是重要看“時代”的事。“隨機説法的話，是很大的僻見”，這話不是多麽痛快明晰的説明嗎？想着呵附迎合的事，是佛教的人們，拜讀這遺文，該當慚死！

如今在末法時代，就是所謂“鬥諍堅固”的時代，跋扈種種的惡思想。在善導這個的時候，拿迎合主義，那是不成。假令逆行個人的心理，也得拿按着時代的趨勢，想起來的見解，就前進去。這是聖人采用的態度。所以聖人要打算，因爲按着這樣的大局，指導末法萬年的時代，就以日本國爲基礎，向全世界廣布自己的宗教了。又拿這個方針，策勸的弟子和檀越們了。

……一滴一滴聚在一塊，成了大河；微塵堆積，成了須彌山了。我日蓮，最初信仰了《法華經》，是在日本國，像一滴水一微塵似的。若是兩個人、三個人、十個人、一百乃至千萬人，傳念《法華經》的時候，可以成妙覺的高山，可以成涅槃的大海。成佛的法子，在這以外別無可求。

——《撰時鈔》，一二四二

“成佛的方法，在廣宣流布以外，别無可求。”以前没有這麼徹底激勵的話，那是什麼緣故呢？那是“成佛”是佛教徒的理想，可是實現這個的法子，就是“廣宣流布”的緣故。聖人，已經靠着一大事的因緣，在末法時代生出來，遂行佛使之使命的時候，自己一身的安危，是不能顧慮的事情；反倒把“不惜身命”的廣布妙法，感想着多幸了。所以聖人説，“没有像我日蓮似的，那麼果報的人”，“我日蓮，是在日本第一的大人”，“是在日本第一的法華經行者”，“在一閻浮提裏没有可以比肩的人”。

……流布《法華經》的時候，有兩次。那是所謂佛陀在世的八年，和在佛滅後末法的起初五百年。可是天台、妙樂和傳等，往前説，没趕上在世的《法華經》時代；往後説，到佛滅後末法的時代，也没生出來。所以這（在這一節的前頭裏，引用天台、妙法和傳教三大師戀慕末法時代，就作的文字；現在指示這等的文字叫這）是嘆息中間的事，就戀慕末法的起初的御筆。比如阿私陀仙人，看悉多太子生出來，就歎喜說：“現在我已經九十多歲了，不能看太子的成道。我在後世生出‘無色界’去，所以不能連坐五十年說法的法座，又不能生出‘正、像、末’來”似的。有道心的人們，看了這個，聽了這個，很喜歡罷。思念後生的人們，比在正像二千年的大王，生在末法的現代的人民，還好哪。不信這個麽？

——《撰時鈔》，一二四四

……從欽明帝到今帝，七百多年，還没聽過，還没看過，有自己念唱“南無妙法蓮華經”，而且勸誘大家的智人。太陽一出，星星就藏起來；賢王出來，暴君就滅亡；實經流布，權教就停止；當智人念唱“南無妙法蓮華經”的時候，愚人隨順這個的事，像影兒和身，及聲音和響似的。我日蓮，是在日本第一的法華經行者的事，一點没有疑惑了。按着這個推量罷，在漢土、月氏，又在一閻浮提（世界）裏，没有可以比肩的人。

——《撰時鈔》，一二三六

據這遺文可以窺知，聖人有不拔的自信，和無限的抱負。《撰時鈔》的内容，就是這樣的。可是在本鈔的末尾，“日蓮平常日子，因爲‘折伏逆化’，就遭了最大的迫害；可是在信仰生活裏，反倒是平安的。這是全依着佛天的守護”，這麽表示感謝的意思，就結了全篇。

……若是在“靈山净土”的教主釋尊，寶净世界的多寶佛，十方分身的諸佛，地涌千界的菩薩等；并且梵釋日月四天等，若没有冥冥的加護，和顯明的扶助的時候，一時、一天，也能够安穩麽？

——《撰時鈔》，一二四九

這是多麽崇高的宗教的感謝生活呀！

第二，《報恩鈔》，是像在本文和副書裏説似的，仗着“真實報恩者”的立脚地，托報恩（奉報他剃髮的老師傅，道善房的恩典）説出要緊的抱負來的文字。若是靠着“量”説本篇是在聖人的遺文（共總有四百多籍）裏，第一位。《開目鈔》，是第二位，《撰時鈔》，是第三位。若是靠着“質”説：《觀心本尊鈔》，是第一位，《開目鈔》，是本尊鈔的先驅；《撰時鈔》和《報恩鈔》，爲其後陣。《觀心本尊鈔》，較比這三鈔，爲中堅。然而“量”多的，是偶然説着抱負的大。按着史實，把佛教諸宗，爲過去時代的宗教，就葬去的地方，該讓《撰時鈔》，可是按着正系佛教傳統者，列舉在印度的釋尊，中國的天台、妙樂，及日本的傳教，由一佛主義的見解，痛論“真言亡國”的地方，那是在破邪部的遺文，也就是《報恩鈔》的長處。

> ……見世間，各人説，“我要成國主”“我也要成國主”，可是國主就是一個人。若是有兩個人，國土就不能平安了。若在一個家庭裏，有兩個主人，那個家庭一定壞了。在一切佛經，也是如此罷。無論哪個佛經，在那裏的一經，就是一切經裏的大王。可是十宗、七宗都各各争擾，不肯跟着别宗。這是譬如在國内有七個，或是十個大王，所以萬民不静謐似的。我想怎麽辦好呢？就疑惑了。那個時候，我立了一個祈願：我不隨着八宗、十宗……
>
> ——《報恩鈔》，一四五三

這是聖人，對於日本佛教，宣言意見的文字。在這文字裏，已經見到了打破真言密教的預備。就是説：“國主就是一個人，弱是有兩個人，國土就不能平安。若在一個家庭裏，有兩個主人，那個家庭一定壞了。在一切佛經裏，也是如此。”又説：“立了一個祈願，我不隨順八宗、十宗。”這是聖人，按着他的一佛主義，所見的日本佛教觀。那是日子不多，成了打倒二佛主義的真言密教。所以聖人更説：

> ……所以在釋迦如來、天台大師、妙樂大師，和傳教大師的聖心裏，全都明白了，在《大日經》等的一切佛經裏頭，《法華經》是優勝的事。
>
> ——《報恩鈔》，一四七〇

檢尋在印度、中國和日本的佛教，那結果，即釋尊、天台、妙樂和傳教的四位，爲正系佛教家；在這時候，也是以打破真言密教爲中心。特别對於日本真言密宗的開祖——弘法大師，加一個痛快的批評了。

> ……若是傳教大師，在世的時候，這是連一句話，也不能説出來的事。
>
> ——《報恩鈔》，一四七二

弘法大師，在弘仁十三年六月十四日，傳教大師入寂之後，就以爲奇货可居，發表秘密著作的《十住心論》了。在這個論裏，“以真言爲第一，華嚴第二，以法華爲第三戲論；釋迦如來，較比大日如來，他是無明的邊域……”。這麼誹謗《法華經》，這麼駡教主釋迦如来了。這麼着，聖人摘發這個事情，批評他説過：“弘法大師，實在是卑怯者，并且狡獪者。若是傳教大師，壽數高大還活着，在弘法的一生，不能反抗天台、法華宗，到了兒，那樣的話，連一句也不能説出來的。”若是精通傳教，對弘法的歷史的人，對於這聖人的炯眼，很驚訝了罷。

以一佛主義，就是法華經主義，開創的比叡山佛教，傳教大師入寂之後，漸漸的變成真言密教了。其結果，舉日本佛教，墮落真言密教了。聖人很嘆息了這件事。

……所以在比叡山的佛法，竟是傳教大師、義真和尚和圓澄大師的三代罷。天台的座主已然移到了真言的座主了。雖然名稱和領地，是天台山，可是那主人，是真言師。慈覺大師和智證大師，都是破了“已、今、當”的經文的人！

——《報恩鈔》，一四六七

……日本全都墮落了真言宗，天台宗一個人也没有了！在這四百多年的工夫，比叡山、園城、東寺、奈良、五畿、七道，日本一州，全都變成了謗法的人了。

——《報恩鈔》，一四七八

……像趙高竊位，王莽奪位似的，竊《法華經》的位，(以那領地)成了《大日經》的領地。在國裏，法王(釋迦法王)已經亡失了。人王怎麽可以安穩呢？日本國，是慈覺、智證，以及弘法的流派，不謗法的人，連一個人也没有。

——《報恩鈔》，一四八一

……人王八十二代，尊成隱岐的法皇(後爲羽太上皇)，打算要滅亡權太夫大人(北條義時。這個人，是把三位太上皇——後烏羽、土御門和順德，發往遠島了。這事，實實在在是在日本國史上，一個大污點），近來很勉强了。因爲他是皇上，所以應該自然的像獅子王、伏兔；或是鷹，抓野雉似的了；而且好幾年的工夫，使比叡山、東寺、園城、奈良七大寺，調伏他；或是向天照太神、正八幡、山王、加茂、春日等的神仙們，祈願了。可是就連兩天、三天，也不能支持，反倒被他們所發往佐渡、阿波、隱岐島，到了兒在那裏崩了。

——《報恩鈔》，一四九七

在宗教能支配人心的原則，不改變的時候，這密教思想，是招了亡國的結果的主張，没有争論的餘地。因爲什麽這麽説呢？因爲是真言祈禱的影響，惹起了“承久的紊亂”，就轉覆國本，滅亡王法的緣故。

……叫真旨宗的宗，是咒咀美麗的日本國的惡法。弘法大師，和慈覺大師，迷惑這事，要滅亡此國。

——與高橋入道回信，一二八三

又在這回信裏，舉“承久之紊亂”的史實之後，并絶叫了：

……這惡法，又下到鎌倉去，毁蕩一族（北條氏），就要滅亡日本國！因爲這個事情，是最大的事，所以不説給我的弟子們聽，便宜上就是批評念佛和禪宗等，給了他們聽的。因爲現在又是不采用的事，所以“不惜身命”的説給我的弟子們聽哪……

——一二八五

聖人打佐渡島回來之後，他很講説“真言能亡國”的道理。這是因爲在《報恩鈔》裏，發表“廣宣流布”的信條的前提。

《報恩鈔》，關於中國佛教和日本佛教的全體，論了其得失；可是其主眼，是打破真言密教。那是什麼緣故呢？那是要達成“廣宣流布”，總得一掃反對一佛主義的真言思想的緣故。

《真言亡國論》，是要把“法華經主義”，宣傳到世界的預備。既然預備好了，從此就得着手本事業。那就是廣布妙法的聖業。可是要實行這事，應該設立爲“廣布妙法”必要的信條。這信條，叫“三大秘法”：所説的“本門的本尊”“本門的題目”和“本門的戒壇”，就是這個。可是這“三大秘法”，是開出“一大秘法，即南無妙法蓮華經”來的。現在在這《報恩鈔》裏，先提示“一秘的法體”説：

> ……疑惑説：在二十八品裏頭，什麼是心肝呢？回答説：或云《隨事品》，都是心肝；或云《方便品》《壽量品》都是心肝；或云《方便品》，是心肝；或云《壽量品》，是心肝；或云“開示悟入”，是心肝；或云實相是心肝。問説：你的心如何？回答説：南無妙法蓮華經，是心肝；其證據如何？呵難、文殊們，“如是我聞：……”問説：那意義如何？回答説：阿難和文殊，八年的工夫，把這《法華經》的無量的意義，連一句一偈，也不殘留全都拜聽了。可是他們倆，佛陀入滅之後，結集佛語的時候，九十九個人的阿羅漢，都染着毛筆等着，那時候，他們倆使這些阿羅漢們，寫“妙法蓮華經”，奉誦“如是我聞”。這不是《妙法蓮華經》的五字，就是一部八卷二十八品的心肝麼？
>
> ——一五〇三

這不是别宗派的學者們，所看的《法華經》的心肝，或是經題；竞是“本化上行的日蓮”，所看出來的《法華經》的心肝。現在被佛使本化的日蓮所看出來的“題目”，不是《法華經》的經名兒，實在是《法華經》的心，又是體。這大法，由末世的救主聖日蓮的手，被弘布的時候，恰巧像太陽一出來，好些個星星，就消滅那影兒似的，在諸宗派的經典和佛菩薩的靈驗作用下，全都消滅了。

> ……若是在奉唱“南無妙法蓮華經”的時候，南無阿彌陀佛的作用，南無大日真言的作用，觀世音菩薩的作用，以及一切的諸佛、諸經、諸菩薩的作用，全都是被《妙法蓮華經》的作用，所滅失。那些經典，若是不借《妙法蓮華經》的作用，都是無益的東西。人們看看！我日蓮，在弘布“南無妙法蓮華經”的時候，南無阿彌陀佛的作用，就惓慢的變成像月亮的虧，像海潮的退，又像在秋天或冬天的草枯，堅冰被太陽，所化去了似的。
>
> ——《報恩鈔》，一五〇五

又聖人在這文字的下邊説：

按着正系佛教家，就是所列舉的在印度的迦葉、阿難、馬鳴龍樹，在中國的天台、妙樂，和在日本的傳教，順應了時代的發達的教績，是到底不能埋没的事。假令他們的内證，各人都一樣，可是迦葉、阿難的小乘佛教，生出馬鳴、龍樹的大乘佛教來；又馬鳴、龍樹的佛教，生出中國的天台的佛教來；可是這天台佛教，又生出日本比叡山的佛教來了。若是檢查那教績的時候，那是依流布教法的順序，漸漸兒的發達來了。就是後者，比前者還勝；傳教大師要建立"圓頓戒壇"的計畫，是比在中國的天台、妙樂大師還優勝的教績。

按着以上的聖意看起來，日蓮聖人，所弘布的佛教，應該較比在中國的天台，日本的傳教，更超越高尚的宗教了。總得佛滅後二千二百二十多年之間，在全世界，未曾有的宗教。像經文，廣布未曾有的宗教的事，這是得擔在日蓮的雙肩上的事業。那麽仗着什麽信條，打算要實現這麽大的理想呢？這實在是大問題。於是，聖人開出"一秘的題目"來，就建立了"三秘的法門"。逼是什麽緣故？這是在完全流通"一秘的題目"的時候，總得仗着"三秘的信條"的緣故。在《法華取要鈔》裏說：

> ……建立本門的三秘法門，在一天四海裏，全都廣宣流布《妙法蓮華經》，是没有疑惑的。
>
> ——一〇四五

像在這遺文裏所說的，"三秘"是使"一秘的廣布"，徹底的信條。在《報恩鈔》裏說：

> ……問說：有天台、傳教，還没弘通的正法没有？回答說：有。要求說：那是何物呢？回答說：有三個，那是佛陀，爲末法時代，殘留的正法。這是迦葉、阿難、馬鳴、龍樹、天台、傳教等，還没弘通的正法。要求說：其形貌如何？回答說：在日本，乃至一閻浮提，全都信仰本門的教主釋尊，要爲本尊。所謂在寶塔裏頭的釋迦、多寶，和其以外的諸佛，并且上行等的四菩薩，爲（本門的釋尊的）脇士；這是一。本門戒壇；這是二。在日本乃至漢土，月氏一閻浮提裏，每人不論有

智無智，全都捨了別的事，奉唱“南無妙法蓮華經”罷。

——一五〇八

這遺文，是詳解開出“一秘”，成了“三秘”，以這“三秘”，廣布“一秘”的計畫。開出“一秘”，成了“三秘”的長處，是在本尊，和“題目”的上頭裏說，“日本乃至一閻浮提全都”，“在日本乃至漢土，月氏一閻浮提裏，每人不論有智無智，全都捨了別的事”的聖語。

我們若是用所信奉的“本門的本尊”，和所念唱的“本門的題目”，要普及到一閻浮提的時候，那是自然而然的實現出“廣傳流布”來。因爲實現這個，總得以“本尊”，和“題目”的本體，即《妙法蓮華經》五個字，使在一閻浮提的各人，信受奉行。那麼信受奉行妙法五字，又是如何？那是在心（意）裏觀察“本門的本尊”，在口裏奉唱“本門的題目”；可是這樣所信行妙法五字的靈境，就叫“本門的戒壇”。（行者的身子，就是在這戒壇裏安住。）

建立這樣“三大秘法”的信條，以廣布那“一大秘法”爲理想的書，就是《報恩鈔》。所以“日蓮主義者”，總得恪守這“三秘”的信條，努力拿道義統一世界。這就是奉答教主釋尊和佛使日蓮的恩德的意思。

聖人，對於給他剃髮的老師道善房，按着他的主義和信仰，批評說：

……他是很怯懦的，而且很固執的不願意離開清澄的人。

——《報恩鈔》，一五〇〇

可是一方面他是很感激恩義的人。就是他要報老師傅的恩義，以建立“三秘”的功德,全都奉上在道善房的墳塋了。

……所以像花兒的精,同到根兒裏去;真味留在土地裏似的,這功德,應當聚在已故道菩房的聖靈身上。南無妙法蓮華經!南無妙法蓮華經!

——《報恩鈔》,一五一〇

聖人使高足日向,帶着這篇書,遠遠的打發他,上房州裏清澄山去,在山峰和道善房的塋地,朗讀這個三次了。聖人一面,是意志很堅固的人,可是一面又是感情濃厚優雅的人。

唉!爲廣布“妙法”,就建設“三秘”。這就是聖人在身延山裏九年工夫的事業。他是斷念鎌倉幕府,可是得救護末法萬年的時代。計劃這個宏圖的,就是建設“三祕”的事。按著這個意思,《報恩鈔》,是在身延山時代,代表的著作,并且是救護未來萬世的明鏡了。

三、山居的聖者和他的信徒

在深山生活的聖者的一個重要事業,就是教養徒弟和指導信徒。他的好些個信徒,有過了野地,有越了山坡遠遠的訪問,住在這深山裏的聖人來。所以聖人在山中寂寞的生活,也就熱鬧起來了。信者們拜謁聖人的温容,謹聽他的慈言,就養成信念,和增進理解了,又聖人屢次送給在街上傳教的弟子們,教給法戰的方法,獎勸信解的增進了。

聖人因爲救國濟民和改革佛教,過了迫害多難的奮鬥生活,就没有伺候他的老師,和奉養他父母的工夫。所以入山之後,很悔恨了這個事情。這麽着，聖人屢次從八里多地的山路，就上身延山峰去，遥遠的眺望故鄉房州那兒，感謝老師傅的恩德，戀慕父母的慈愛。這就是關於孝養父母和奉仕老師，留在後世無言的教訓了。大舜五十歲，還追慕他父母；現在日蓮六十歲，也戀慕他的父母。無論古今中外，聖人的心，都是一樣的。

入山那一年，就是文永十一年，十月五日，蒙古軍來襲壹岐、對馬，以及九州海岸了。這就是應驗了“今年是一定”的預言。這麽着，聖人對這件事，到那年十二月，著了《顯立正意鈔》，教示他的門徒，托符合預言，論明法敵墮在地獄，就警告門徒了。這遺文，是把《立正安國論》的宗旨，適切講説的書。《立正安國論》，是論述未萌的問題；這篇書，是指示眼前的實事論説的。前頭的書，是他奉呈幕府的書；後頭的書，是他説示門徒的書。在這篇書的末尾説：

> ……在我的弟們裏頭，也是信心淡薄的人，臨終的時候，現出“阿鼻獄的樣子”來罷！那時候，别恨我！
>
> ——《顯立正意鈔》，一〇七五

入山第二年（建治元年），日朗上人，打下總帶着一個少年上身延山去，使他服侍聖人了。這個少年，供名字叫經一磨，後來改名日像；他是進到帝都，最初宣布妙教的人。聖人已經斷念在鎌倉傳教的希望，後來打算在帝都方面傳教，所以他臨終的時候，把在帝都開教，特意委囑這個少年了。

那一年在佐渡島，結了深交的最蓮房日净，已經被赦罪，遠遠的奔到身延山來了。還有在佐渡熱烈的信徒阿佛房來訪的事。因爲這個，有多麽安慰很寂寞的山居的聖人了呢？最蓮房搬到身延山麓下山邑來，晝夜伺候聖人拜聽説法，并且慰問聖人的病。他在這樣的法悦裏，過了晚年的日子了。阿佛房往身延山訪問三次。頭一次，是建治元年六月。那個時候，他歲數八十七歲，帶著他夫人千日尼和紺入道夫人的禮物，從遥遠的佐渡島來，拜訪寂寞深山的聖者日蓮。那時候，聖人的喜歡，是出了想像以外了。托阿佛房，寫給千日尼的信裏説：

……尼御前和入道大人，是我住在佐渡的時候，害怕人們看見，到夜裏送給我吃的東西了。有時候，不憚官憲的叱責，要替代我身的人。所以雖然是很辛苦的地方，可是剃的頭髪，被拉到後頭，前進的脚，也回後頭了。(到了兒，離别你們的)是什麽過去的因緣呢？這麽不放心了；可是又不知不覺的時候，到這兒，打發最要緊的老爺了。這是夢呀？或者幻覺呢？看不見尼御前的姿容，可是把我的心，留在這兒了。若是你們想日蓮的時候，請平常日子拜看，出來的太陽和晚上出來的月亮罷。我是不論什麽時候，在日月裏，浮着影兒的身。又到後生，要參會“靈山净土”罷。南無妙法蓮華經！

——與千日尼回信，一二五三

在佐渡的人們，拜讀這封信的時候，發起甚麽感想了呢？大概不能抑制信仰和敬慕的思念了罷？那第二年，就是建治二年六月，阿佛房，又參詣身延山來，也拿着他夫人的供養物，奉獻聖人了。那時候，聖人寫給千日尼的信，如下：

……打佐渡島，到這兒，隔離山海，有一千多里地；可是以女人的身，信仰《法華經》，每年派您的老爺，爲使者，訪問身延山；一定《法華經》、釋迦、多寶，十方的諸佛，嘉納您的善心……您身體，是在佐渡島住，可是您的精神，來到這兒了！成佛的法子，也是如此。我們雖然在穢土住，可是我們的心，在"靈鷲山"住。竟看臉面，是没有什麽的，精神就是最要緊的。將來要上釋迦佛住的靈山會上去，再面會罷！南無妙法蓮華經！

——與千日尼回信，一八一六

時隔一年，就是弘安元年夏天，阿佛房，要施行岳父的十三周年，又參詣身延山來了。在那年夏天，流行惡疾；可是他没有什麽障碍，以九十歲的老軀，平平安安地到了身延山了。那時候，聖人很喜歡，并且感謝他們的善志。又寫給千日尼一封信，如下：

……從過去的文永十年，到今年弘安元年，五年的工夫，我在這山中住；可是從佐渡島，打發您老爺來了三次，這是實實在在隆盛的善志啊！這是比大地還厚，比大海還深的善志啊！……在去年、今年的情形，成了怎麽樣了呢？這麽想想，我很不放心，雖然懇切的祈願《法華經》，可是還覺着不放心似的時候，到了七月二十日申刻，看見阿佛房，就立刻先問他說：

"尼御前，是如何？紺入道，是如何？"

他回答說：

"賤内還没有犯了病；紺入道大人，跟我一塊來，可是他說：'收穫早稻米的時期，已經接近了；可是我家裏没有孩子，怎麽辦好呢？'就回家去了。"

那時候，實在是譬如瞎子，眼睛睁開；又像在夢幻裏，見著已故的父母，從閻魔宫，賞我個信，就很喜歡似的。唉！唉！不可思議啊！

在這兒和鎌倉,我的信徒,依這病死的人很少了。

——與千日尼回信,一七六一

聖人感激阿佛房的熱烈信仰,把他加在僧侶的列裏,給他一件架裟,命名日得。阿佛房,懷着最大的法悦,回到佐渡島去了。其後,過了八個月,他歲數九十一歲,穿着老師傅賜給的架裟,念唱着“南無妙法蓮華經”,安然的上“靈山净土”去了。這麽着,他的兒子,藤九郎盛綱,把他的父親的遺骨,奉掛在自已的脖子上,參詣身延山,鄭重地埋葬在庵室的旁邊了。第二年(弘安三年)夏天,他繼承他父親的遺志,和他母親的意思,又參詣身延山來了。那個時候,聖人給千日尼寫了一封信,安慰未亡人的寂寞,教示成佛的道理,寫出母子的情愛;那實在是理盡,情至了。叫拜讀這封信的人,不知不覺地落泪。現在挑出幾節來,如下:

……這等都是“無一不成佛”的經文,不空的緣故啊!所以假使人們疑念:

“已故的阿佛房的聖靈,現在在何處住呢?”

我日蓮,也拿《法華經》的明鏡,浮照他的影兒看看,就見他在“靈鷲山”中,多寶佛的寶塔裏,向東方住着哪……若是把已故的阿佛房一個人,不入“寂光净土”的時候,諸佛應當墮在在大苦海。

——與故阿佛房尼回信,一九五四——九五五

接着寫説夫婦的關係,安慰死别的悲哀説:

……男人譬如柱子,女人像桁(日本屋子連接柱子和柱子的木

頭，叫桁）；男人像脚，女人像身體；男人像羽毛，女人像身子似的。若是羽毛，和身體分開，鳥何以能够飛呢？若是柱子倒了，桁也墮在地上罷。若是在家裏，没有男人，那是像人没有靈魂似的。可是您说在，已經没有老爺，把公事跟誰能商量呢？把好東西，能奉養誰呢？就是離開一天、兩天，也覺得不放心。可是已經，在去年三月二十一日，跟他離别了。往後去年我等着他過日子，没有看見他的。今年已經到了七月。假使他自己不來，怎麼也没有消息呢？敗的花兒，又開了。落下的果子，又結了。春風不變，秋景照舊。怎麼就是這一事變了，不像本來呢？月亮入進，又出來；雲彩消滅，又飄來了。可是這人們出去，不回來。我覺着連天地，也怨恨哪！您也這樣就想想罷！快快的以《法華經》，當做糧食，上"靈山净土"去，看一看罷？

——與故阿佛房日尼回信，一九五五——九五六

在末尾説親子的關係，教示孩子，是可靠的事説：

……有"兒子是仇敵"的經文，"世人爲子，造衆罪"的文，就是這個……可是已故阿佛聖靈，是在日本國北海裏，一座海島住的不文明的人。然而他害怕後生，就出家祈願後生了。可是這個人，值遇我日蓮，受持《法華經》，在去年春天，成佛了……他的兒子藤九郎盛綱，繼承他的信仰，一向成了"《法華經》的行者"。在去年七月二日，把他父親的"舍利"，掛在他的脖子上，過了一千里地的山海，上甲州裏波木井的身延山來，把那"舍利"埋葬在《法華經》的道場了。到今年七月二日，又上身延山來，拜見他慈父的塋地了。没有如兒子的寶財！没有如兒子的寶財！南無妙法蓮華經！南無妙法蓮華經！

——與故阿佛房日尼回信，一九五八——九五九

叫這藤九郎盛綱，爲“後阿佛”。後來在佐渡，現出佐渡阿暗梨日満來，以佐渡島，爲中心，在北陸七州，鼓吹了法華經主義。在佐渡島，所結的因緣，到了後來，有這麼好看的教草，繁茂了。

建治二年，三月十六日，在故鄉的房州，道善房圓寂了。净顯繼承那法燈了。那時候，聖人要報師恩，著《報恩鈔》，派日向和日實，爲使者，打發上房州去，使他們倆，在道善房的墳塋一次，在清澄山峰兩次，朗讀這篇書了。

聖人覺着很遺憾，他的搖籃地清澄寺，是密教的事。所以他屢次寄書努力教化一山的大衆了。在道善房圓寂那一年正月，打發日向去，送給清澄的大衆信了。到了兒這個寺本身不改宗，可是主腦的净顯和義净以下，一山的大衆，都歸依聖人了。到了弘安元年，净 顯、義净等，關於本門本尊的意義，質問聖人了。這麼着，聖人著《本尊問答鈔》，回答這質問了。這樣在清澄山，就慢慢的起來《法華經》的信仰了。

聖人在俗人的門弟裏最尊敬的，是富木常忍；最疼愛的，是四條金吾。這兩個人，是聖人最初的門弟。在鎌倉遭迫害，發往佐渡島的時候，始終的不變，盡了精勤了。所以聖人最要緊的著作，大概是送給這兩個人了。而且在寫給這倆人的私信裏，理義深重的信，也不少。先說聖人入山以後，跟富木氏的關係罷。

在建治元年，送給富木氏的信（一三〇八）。又在建治三年的《四信五品鈔》（一五三八）。在建治四年，教示“唱題成佛之原理”的《始聞佛乘義》（一一七二）。在弘安元年，關於流行疫癘，所做的《治病鈔》（二〇九八）。在弘安三年，《論諸佛經和〈法華經〉》的優劣的書信（一九八四）等，都是關於根本宗義，作了哲學的説明的。因爲這個，可以推察富木氏的人格和學識，比普通人優超。可是在富木氏，跟聖人的真摯的交際裏頭，還有一個很有趣兒的事：就是在建治二年，二月下旬，富木氏的母親，法日尼故去了。這麼着，他捧着他的母親的遺骨，上身延山去，把那遺骨埋葬在山中；回家的時候，他把比他的生命，還要緊的《持經》，忘在山裏了。這是在富木氏，千慮的一失，最對不起聖人的事了罷。那時候，聖人關於這件事，給他寫了一封信，夾着揶揄和諧謔，訓誡他了。如下：

> 閣下所忘了的《持經》，改天使修行者，携帶着給您送去。魯哀公云："人有善忘者，乃其妻忘於移宅。"孔子云："又有好忘甚於此者。桀紂之君，乃忘其身矣。"現在常忍上人，忘了《持經》了。這是在日本國裏，第一的善忘的人罷。
>
> ——忘《持經》事，一三八四

在富木氏的一族裏，有太田、曾谷、秋元等的武士；他們都是在文應元年，聖人巡教下總地方的時候，歸依聖人了。往後以富木氏爲中心，研究的很有進步，而且是很努力地傳教了。聖人在入身延山以前，已經寫給了他們很要緊的書信了。可是入山以後，到了建治元年春天，又給了曾谷、太田倆人，寫"與（曾谷入道、太田、金吾）氏信"（一〇九六），和《异體同心事》（一〇五四）等。前者是説示上行的人格和那教義的，後者是教示傳教的注意的信。這些人們，篩懷著廣宣流布的希望，盛大的在各地方傳教了。其中，富木氏，使在真間弘法寺，改宗的一件事，是最著名的功績。原來在真間弘法寺，是屬於天台宗的一個大廟；富木氏累代的墳塋，在這兒。有一天，在那廟的大和尚了性，訪問富木氏去，就挑戰法論。那結果，了性被富木氏論破了，到了兒，他捨了那個廟，就逃跑了。這麼着，富木氏的兒子日頂，就管理那個廟了。富木氏把這件事，立刻就報告聖人了。聖人對於這個事情，在建治三年，十一月一日，給他寫《稟權出界鈔》了。

這麼樣，在下總地方，以富木氏爲中心的教團，很富有了研究的彩色的事，是那長處的。在鎌倉住的四條金吾，也是聖人最初以來，很熱心的門弟。他跟聖人的關係，是對於富木氏一團有研究的彩色，這是很有濃厚感情的彩色。金吾，是跟日朗一塊，被聖人最親愛的信徒。他在龍口和佐渡，拿非常的憬慕和熟情，供奉聖人了。所以聖人疼愛他，像自己的兒子似的了。聖人入山之後，也給他好些個富有溫情的信了。原來四條金吾，是北條氏一族的江馬光時的家臣；他比聖人小十歲。金吾信服聖人的教訓，聖人入身延山之後，日子不久，把《法華經》的信仰，勸誘他的主君江馬氏了。以後他屢次對於主君，說給法門聽，可是江馬氏，不肯聽從他的話。不但是這個，而且在金吾的同僚裏頭，還有怨恨他的人。他們以這爲好機會，就讒言金吾了。

在這兒，這樣的也有對於弘布《法華經》的憎嫉和迫害。這時候，聖人屢次以書信讚嘆他的這樣美舉。在文永十一年九月二十六日的信。在文永十二年，三月六日的信。在建治三年，七月十五日的信。在那年九月十六的信。在這些個信，不但是激勵金吾的勇氣，并且給他好像母親，對於兒子似的，那麼綿密周到的處世的注意了。

金吾的細心注意，和不變的誠實，在信仰上，不懷着好感情的他的主君江馬氏，也不能不承認。又没有可以讒言的地方，可是不知什麼時候，就許要翻臉的。果然，到了建治三年六月，因爲念佛僧龍象房，和聖人的弟子三位房日行的法論的事，就翻臉了。這件事，是在京都的念佛僧龍象房，下鎌倉來，在大佛門前的西邊，桑之谷住着說法。在鎌倉的上下人們，都尊信他了。這麼着，聖人的一個徒弟，三位房日行，跟龍象房，在聽說法的人之前，法論。那時候，日行，叫龍象房，差不多，一句話也不能發言的，那麼論駁了。這事傳到鎌倉裏頭了。那個時候，金吾，也在那個說教場了。所以不知道誰誣告訴幕府說："金吾拿兵器，亂入說法場。"可是幕府，把這件事，傳達到江馬光時。江馬氏，就立刻，以詰責狀交附金吾了，而且他命令說："寫以後不歸依日蓮的一張起誓書。"所以金吾，陳述那是和實事不符合的理由；又回答了起誓書的事，假使賭身命，也難以辦到的意思了。而且金吾打發急使，上身延山去，把這事奉告聖人，就請教聖人指導了。這麼着，聖人立刻就用筆寫一張陳述狀(這就是賴基陳狀)，送給他了。又加寫了關於呈上這陳述狀的好些個注意。可是金吾，到了兒，不寫起誓書。所以江馬氏，全没收了金吾的領地；而且命了他閉門謹慎。然而江馬氏，偶然得了病。

那時候，金吾出仕主君給他治了病。因爲這個，江馬氏，對金吾的惡感情，改變了；并且他感激金吾的忠誠，把已經没收的金吾的領地，全還給他，而且另外賞給他一處好地方了。這麼着，到了弘安元年秋天，四條金吾賴基夫妻，要表示謝意，和看聖人的病，帶着東西，上身延山去了。那時候，在聖人，有多麼喜歡了啊！在這件事的前後，聖人給了金吾好幾封信，很努力地策勸他了。列記那些信，如下：

在建治三年六月二十五日的賴基陳狀(一六〇一)

本年七月的信（一六一七）

本年八月的信（一六二八）

本年八月的信（一六三六）

本年九月十一日的崇峻天皇書（一六三九）

在建治四年正月二十一日的信（一六九四）

在弘安元年九月十五日的信（一七八九）

本年十月的信（一八一〇）

本年十月二十二日的信（一八一七）

在弘安二年十月二十三日的信（一八八九）

若是有正心的人，翻着聖人的遺文録的時候，對於山居的聖者，跟他的信徒的很温和心情的來往，也能流出感激的泪罷。現在就其中把對金吾安抵鎌倉的報知的信（在弘安元年，十月二十二日的信），摘録在此，把那優雅的人情，介紹給讀者罷。

……這次閣下回家的時候，我實在失神的嘆息了。可是閣下平安無事的回到鎌倉去，我喜歡得很哪。因爲很不放心的緣故，所以對從鎌倉來的人們，都問一問了。那時候，有一個人説：在湯本那兒，遇見您了。有一個人説：在國府津那兒。又有個人説：在鎌倉那兒，遇見您了。我聽這些話，纔放心了。從此以後，請閣下不要常來。若是有很要緊的事，可以打發人來，告訴我罷。我反來覆去的很不放心閣下這次的旅行了。敵人令他的對手不注意，其實是要狙擊他的對手。以後萬一去旅行的時候，别愛惜馬，騎好馬罷。又用從者們，也要挑那機靈的人；再騎駿馬，就成了……假使敵人狙閣下，也因爲閣下信仰《法華經》的心，很堅固的緣故，所以大難已經消滅了。關於這事，更要好好兒的信仰罷。在紙上不能細寫了。

——與四條金吾氏回信，一八一八

在金吾的同僚裏頭，有怨恨他的人；他屢次遭了暗殺了。這個事情，也有載在别的文字裏頭的。

這麼着，四條氏到了弘安三年，得了一個女孩兒。聖人給她起名字，叫日若御前了。在那一年的秋天，金吾把在新領地佐渡的殿岡地方，所産出的大米，奉獻身延山了。在佐渡島裏殿岡的大米，那是在聖人，想不到的回想。從前他因爲流罪，就嚐過辛苦的佐渡島的大米，現在想不到的成了他門徒的領米，泰獻在身延山的聖人了。那時候，聖人寫了一封意思深長的信；又以後金吾上池上山去看了聖人的病；在身延山葬送的時候，捧着聖人常用的佛經，加入葬列裏了。前後三十年的工夫，始終不枉他的信仰，是在末代信徒的一個好鏡子。又他的家庭，是聖人所説的"跟夫人一塊喝酒，就念唱'南無妙法蓮華經'"的生活。這就是日蓮教徒家庭的好模範。

四條金吾，在聖人入滅之後，不久就辭官，上身延山去，守著聖人的墳墓，過完了他的餘生，有二十年；在正安二年去世了。他享年七十一歲。以後他的夫人，守著家庭，過了三年，在嘉元元年，也故去了。他們夫妻，有三個孩子，長女叫月滿，長男叫經王，次女叫日若。

跟在下總地方的富木氏的一族相對，在駿州地方，有很大優勢的一個日蓮主義的團體。那是日興，因爲他鄉里的關係，就開教的結果，使同鄉人們入信歸正的。聖人入山以後的糧食，是因爲地理的關係，大概在這地方的信徒們，供養了。所以在身延山的聖人，送給他們好些個信，就是：有南條兵衛七郎和他的孩子們；上野時光和他的母堂；松野六郎衞門和他的夫人；高橋入道、窪尼御前、三澤氏、内房夫人、下山光基等，這些人們。日興，聖人住在佐渡島的時候，他常伺候過聖人（官憲對聖人的待遇，成了寬大之後，日興常伺候聖人了）；聖人入身延山之後，他在駿州地方，很盛大地伸張教勢了。因爲這個，日興的摇籃地就是岩本實相寺，也現出信仰日蓮主義的學徒來了。這樣在富士山根兒，颳起本化的教風來了。這麽着，實相寺的末寺四十個院，猛烈地對抗日興，他們就計畫種種的陰謀了。可是到了兒，日興入實相寺去，管理那個廟了。

又在富士山的西山根，有個叫瀧泉寺（當時屬真言宗）的大廟。這個廟的三位學者，在建治元年，拜聽聖人的説法，都信服聖人，就成了他的徒弟，改名日辨、日秀和日禪了。後來日禪，不能忍耐真言僧徒的壓迫，到了兒，改變了節操；可是日辨和日秀，極力主張正義，跟瀧泉寺的院化行智，争論了。這麽着，以日辨、日秀爲中心的信徒，對於瀧泉寺之間，起了一個猛烈的對抗。原來這瀧泉寺的地方（熱原鄉），是前執權北條時賴的未亡人的領邑，平賴綱，是她的代辦了。所以行智和尚們，和賴綱商量，迫害在熱原鄉的“日蓮主義者”了。就是平賴綱等，逮捕日辨的父親熟原國重以下二十多人，送到鎌倉去，把他們都處死罪了。那死刑，實在是慘酷極了。就是把热原國重等拉到一座松樹林子去，一個人一個人的繫在松樹上，拿軟弓射殺他們二十多人。那時的光景，是熱原氏等，一箭比一箭，用高大聲音，念唱“南無妙法蓮華經”！到了兒，絶命了。那個時候，管理北條尼御前領邑的一部分的人，上野時光（這個人，也是熱心的日蓮主義者）他的領地也被收了；可是日子不多，幕府又還給上野氏了。然而瀧泉寺，到了兒，歸伏日蓮主義，日秀管理那個寺了。這樣，在富士山麓地方，全都靡了“日蓮主義”的教風了。

最後説説在武州池上鄉，池上宗仲弟兄和聖人的關係罷。池上氏弟兄，也是很熱烈的信仰家，聖人對於這兩個人的親愛程度，彷彿是聖人，對四條氏夫妻的程度一樣似的。又像四條氏，因爲信教問題，蒙了他的主君江馬氏的翻臉似的。池上氏弟兄，也是因爲信教問題，跟他們的父親友衛門太夫（官名兒）衝突，就蒙了他的翻臉了。又四條氏，和池上氏，有親戚的關係，而且是本來的道友。又他們一塊兒，成了日蓮主義者。可以說他們，是在鎌倉武士裏頭的日蓮門下的雙璧。這像在下總地方的富木氏等的一團，和在駿州地力的上野、南條氏等的一團，是在鄉下豪族信徒裏的雙璧似的了。

池上宗仲（官名字叫太夫志），和他兄弟兵衛志（官名字），以及他們的夫人，都成了聖人的篤信家。可是他們的父親左衛門太夫，不論怎麼樣兒的勸說，也不信仰《法華經》。這麼着，聖人關於諫諍父親的法子，在文永十二年四月，寫了一封信，教給池上弟兄了。結果，到了建治三年的光景，那麼樣頑固的父親，到了兒，被他兩個兒子的熱誠感動，就生出信仰《法華經》的心來了。聖人聽兒說這個事情，很喜歡，在九月九日，給池上弟兄寫信，告訴他們聖人自己的歡喜了。如下：

因爲好些日子没有音信，就很不放心。比什麼事，還可哀，并且想不到的事，是太夫志大人和閣下的事，這是很不可思議的。照着平常的情形，到了末世，就……父母跟夫妻；或是哥哥和兄弟，争擾的事，看着好像獵夫和花鹿，猫和老鼠，鷹和野雞似的。良觀們的天魔的法師們，欺騙令尊左衛門太夫大人，就要打算亡失你們二位，可是因爲閣下心裏很聰明，采納我日蓮的諫諍的緣故，所以好像兩個車輪，扶助車體；兩雙脚支着人體似的……因爲你們弟兄的努力，就奉使令尊，入了《法華經》的信仰。這全都是仗着閣下的力量。

——與池上兵衛志信，一六三七

他們父親的改信教，像是因爲兄弟兵衛志的努力，很有效果了。可是纔改信教的左衛門太夫，到了那年的十一月前後，又反對法華經主義的信仰了。這麽着，這次他哥哥太夫志，很强硬的主張不屈。所以他父親很生氣，就打算逐走哥哥太夫志，使兄弟兵衛志繼續家系。兵衛志，很爲難了，可是靠着聖人的激勵，兵衛志夫妻，好好兒的合力解勸，到了兒，和睦他父親的心，又作了温和的家庭的信仰了。在建治三年，十一月二十日，寫給了兵衛志的信裏，講説在家庭的道德，并且勸説《法華經》的信仰，很激勵他了。請看罷！到了弘安元年六月，友衛門太夫，進呈聖人靈藥；在那年的冬天，弟兄倆，惦記着聖人的病，奉獻兩件綿襖和綿花了。到了弘安二年二月，他們的父親，左衛門太夫故去了。那時候，聖人寫信誇賞他們弟兄的孝和悌説：

我聽説令尊故去了！這風傳是真實的麽？閣下（兵衛志）和太夫志的事，因爲時代入末法，生出僻輙來，信用法華的大法，所以惡鬼一定入到國主和父母等的身體裏，就作怨嫉的事，是没有疑惑的。這事没想錯，太夫志被令尊屢次的逐走，可是你們弟兄，都是"净藏、净眼"的後身罷？又是"藥王、藥上"的處置的緣故麽？到了兒，没什麽事故，令尊仍舊讓您的哥哥回家了。而且你們倆，盡了自己的心，奉吊令尊的故去，這豈不是孝子麽？……弟兄之間，别不和睦，别不和睦。在給太夫志大人的信裏，細細的寫了。請問一問他罷。

——孝子御書，一八二九

像四條金吾的事，是在本化門下的臣，對於主君的好模範似的。池上弟兄的事，是在本化門下的子，對於父親和哥哥的好鏡鑑。信仰問題，和倫理問題的融和，由四條氏和池上氏的實例，留下規範到萬代了。

四、在池上的入滅

回想，聖人的一生，是接連着刻苦奮鬥的。因爲在鎌倉的傳教和追害，一點兒也没有可静養的閑工夫。竟是以《法華經》爲生命，日夜繼續着大慈折伏的法戰了。

被發往佐渡島的時候，在北海的孤島裏，狂荒的風雪，有多麼侵蝕聖人的身子呀！若是平常人，因爲這樣人爲的迫害和天然的侵蝕，心身都要困憊死了罷；可是剛健身體的所有者，勇猛精神的所有者，而且依信仰《法華經》鍛練的大靈力的所有者，好像獅子王似的預言者日蓮，没有被松葉之谷的火燒死，也没有被伊豆俎岩的浪溺死，也没有被在小松原的刀箭殺死，也没有被在龍口刑場的大刃斬害，也没有被在佐渡島的冰雪凍死；反倒一難比一難的緊張起來，隨意的實行他自己的使命，就成功了。

入到這身延山之後，邏了静寂的餘生，可是那草庵，是朽壞了。打棚頂往下漏雨，四壁的墻脱落了；衣裳單薄，糧食缺乏，而且因爲是在山間的窪地，所以土是濕潤的，而且多霧；在冬天寒氣酷烈，并且雪下得很大。在聖人的生活滋味很少。這樣身延山的自然界，是不合人的健康的；這是在前節，已經細細的講説過。而且他漸漸地到了老境，就連那麼剛健的身體，也不能不衰弱。把在山中，苦惱病疾的聖者的情形，叙在下邊罷。

聖人因爲病痾，就覺着苦惱起來的，是從弘安元年前後的時候了。當時在世間，也流行瘟疫了。那時候，聖人也得了慢性的瘟疾了。可是仗着池上弟兄的父親，左衛門太夫的藥，一時治好了。這個事，在弘安元年，六月二十六日，聖人在寫給兵衛志的信裏說：

……痾疾仗着左衛門大人的藥，治好了。

——一七三七

因爲這一句，就可以知道聖人病治好的事。又吃了四條氏的藥。那是聖人在送給四條金吾的信裏說：

……我日蓮，從去年十二月三十日，得了痾疾，到了今年六月三日、四日，一天比一天厲害，一月比一月加重了。我覺着這是定業；可是吃了閣下的良藥以來，一天比一天減輕，現在就剩了一百分之一了。我想也許是教主釋尊的聖靈，入了閣下的身體，繼救助我日蓮罷？地涌菩薩，把《妙法蓮華經》的良藥，給我了罷！

——一七三九

這樣治好了一次，到了那一年的初冬，看著不碍事了。可是因爲那年冬天，寒氣激烈，所以他的宿疾，又犯了。這麽着，四條金吾，就立刻上身延山去，伺候聖人供奉良藥了。在十月二十二日，聖人在寫給四條氏道謝的信裏說：

……我又犯了很重的病；可是仗着閣下的各樣的藥、綿襖和各樣的治法，漸漸兒的試一試，現在病都好了，比從先還爽快了。

——一八一七

原來因爲聖人的病疾，是慢性的胃腸病的緣故，所以不是由根本，好了的。到了第二月，又犯了。在十一月一日，聖人在送給池上氏的信裏說：

……雖然好一點兒了。可是一疏忽，就又犯了。

——一八二三

看着在這時候前後，他關於治病，想了好些個法子似的。到了弘安二年正月，聖人在送給富木氏夫人探病的信裏，寫了病疾的感想，并且極力說，仗着法華的信仰，能够治好了病的事了。

這麼着，在弘安二年和三年，怕病的消息，是斷絶了。可是由弘安四年正月，病鬧的越發利害了。在五月二十六日，聖人在送給池上弟兄的信裏，就把關於害病的述懷，很苦痛似的寫了，如下：

演說這法門的事，是已經二十九年了。因爲天天的辯論，每月的值難，因爲流罪兩次，就傷了心的緣故罷？雖然這七八年間，每年總害起病來，可是不大厲害；今年從正月，覺着病重似的，已經大概我的一生要完了罷。而且年齡，已經到了六十歲了。假便占九成要死，可以過去今年，也怎麼還可以過一兩年呢？……這一向，對上下的人們，没寫回信。這是心懶，手倦的緣故。

——《遺文續集》，七八

聖人知道自己的死期，逼迫着在今年，或是明年了。臨着死期將近，回想在過去多難的一生的述懷，那聲音有多麼悲愴呢！拜讀這遺文的時候，就覺着像聽聖人的大嘆息似的。在說過“仗着信仰力，連定業也可以回轉”的這麼强的一面，聽着這樣弱的人間的聲音，反倒覺着在研究偉人上，很有意思的。

這一年，聽了信者們的要請，毀了以前的朽懷的草庵，建築了六丈見方的佛堂。在十一月二十四日，慶賀這改築的竣工，順便施行盛大的“天台大師會”了。

這麼着，到了十二月，天氣就冷的了不得了；下雪也很多。所以聖人的身體，就一天比一天衰弱。在十二月八日的信裏，聖人寫那情形說：

……八年的工夫，因爲害病，并且歲數兒也大了，所以一年比一年身弱、心耄；而且到了今年，從春天犯了這個病，直過了秋天，到冬天，一天比一天的衰弱，一夜比一夜的厲害了。可是這十幾天，已經飲食，差不多不進了；而且大雪堆積，寒氣逼迫我了。我的身體冷的，像石頭，胸口凉的，像冰似的。

——與上野氏母堂回信，二〇八二

在這樣的害病裏，過了弘安四年，就迎了弘安五年的春天。雖然在病可是新年的喜歡，還是一樣的。就是說：

……春初的喜歡，是像滿月、長潮、草盛、下雨似的。

——與四條氏回信，二〇九一

> 春初的歡喜，是像在樹上開了花兒，像在山上生出草似的。
>
> ——與上野氏回信，二〇九二

把這樣興旺的新年的祝辭，送給信徒了。

聖人在這次的病時，不覺是因爲身子的衰弱，就嘆息；那宗教的理想及情操，跟對死的預想一塊兒，越發明了起來的事，那不用說了。挨着在現前的自然界，體驗了己心的佛國的事，聖人是在那一年九月的信裏，寫明白了。如下：

> ……而且這兒，是遠離村鎮的山中。東两南北，都没有村落。雖然是這麽最寂寞的幽窟，可是我因爲在靈鹫山，相傳教主釋尊的一大事秘法來，就秘藏在我日蓮的肉團胸裏，保持了；所以在我日蓮的胸裏，是諸佛入定的地力，舌頭上是轉法輪的地方，咽喉是誕生的地方，口裏是正覺的地方罷。因爲這兒，是這樣不可思議的法華經行者的住處，所以這兒怎麽比那靈山净土劣呢？“因爲法，是妙的緣故，所以人，是貴的。因爲人，是貴的緣故，所以這地方，是尊貴的”，就是這個……那個在月氏的靈鷲山，就是在本朝這身延山的嶺。
>
> ——與南條氏回信，二〇六九—二〇七〇

又跟死期的逼迫一塊，就起來後世的觀念，而且想了在自已死之後的信徒，約定在未來世界再會了。在弘安四年年底，聖人給某信徒的信裏，引用“大白牛車的譬諭”説：

> ……比我以後來的人們，坐這個車，就到靈山净土來罷。我日蓮，

也坐一樣的車，要歡迎你們去。南無妙法蓮華經！南無妙法蓮華經！

——二〇八七

又在聖人的絶筆，就是給波木井氏的信裏說：

……我日蓮，是在日本第一的法華經行者。日蓮的弟子信徒，比我日蓮以後來的時候，連在梵天、帝釋、四大天王和閻魔法王的御前，自己也說，“我是在日本第一的法華經行者日蓮房的弟子和檀越”就走罷。這《法華經》，是在三途之河，成了船，在死出之山，成了大白牛車，在冥土成了燈；又這是上靈山去的橋。請上靈山去，在艮方的廊，找一找我；我一定奉等着你們罷。若是你們信心淡薄，就怎麼說，“是日蓮的弟子和檀越”，也那兒能采納呢？你們想在心裏有二心，當信心薄弱的時候，好像在峰上的石頭，轉下山澗；在天上的雨，落下地上似的，墮在地獄罷。墮在大阿鼻地獄，那是無疑惑的。那個時候，別怨恨我日蓮啊！(成佛不成佛)實在是由你們各人的信心了。

——二一一四

這麼着，在病中過了入山第九年的春夏，到了秋冷的時候了。聖人想着宿疾，越發的重了，所以到底在冰雪裏，不能過冬天。可巧他的弟子和信徒，都勸他出山。聖人在九月八日，浴着秋晴的日光，就出山了。九年的工夫清居的山；跟靈鷲山比較的山；在今生再不能見的山。對這樣很有意思的山，聖人懷着什麼感慨，就離開這山去了呢？

聖人騎着波木井實長，奉獻他的良馬，被實長的少爺們，所護衛，就出了身延山了。那一天，宿在下山。第二天往北，到了甲州的大井鄉。第三天到曾根。第四天到黑駒。第五天，宿在富士山根的河口湖畔。第六天，到都留山中的吴地。第七天，到足柄山裹的竹之下。第八天，到相州的關本。第九天到平塚。第十天到瀨谷。可是十一天，就是十八日正午，走到武州的池上村，就入了池上宗仲的邸宅了。到了池上的第二天，聖人寫給波木井實長一封信説：

> 謹啓：路上平安地到了池上。雖然途上有山河，走着很不容易；可是被您的少爺們，所守護，没什麼困難，就來到這兒了；實在勞駕，我很喜歡了……因爲我是害病的身體，就有想不到的事罷。可是您九年的工夫，因爲歸依了受日本國（幕府），好些處置的我了，那善志，没有誇賞的話；所以我假使無論在那兒死，也埋在身延山的澤罷。又這匹紅顔色的馬，覺得很有趣兒，所以老不要丟失。我要打算拉到常州的温泉去，可是恐怕有人，給偷拉去；又以外覺着很傷心，所以我從温泉，到回來的時候，付托在上總的藻原氏那兒罷。有我不認識的馬夫跟着他，也覺着很不放心。我就很願意，我到回來的時候，有這個馬夫，跟着他。這麼樣爲念，特此奉聞。
>
> ——二一〇四

關於平安走到的報知，在死之後的塋地的事，而且馬的事情，聖者的優雅的心情，在字句之間，都充滿了。

聖人已經從被聳起的山峰，所夾的薄暗，并且窮屈的身延山草庵，出到一望無垠的明爽的武藏野，就站在草原上了。那個時候，他的心裏，有多麼愉快呀！連大石頭，也冲走的好像箭似的富士河，那麼樣的急流，代替浮着好些個白帆，洋洋流去的多摩的大江；從峻峭的峰邊兒，把凄慘的光，投到幽谷的夜半的月，變成了打茫茫的草原的地平綫那兒，拿微笑的臉面，現出來的圓大的宵月。離開刻苦練行的生活的聖人，要表示圓滿常寂的大涅槃，就進到池上宗仲的邸宅了。因爲他入到無限常寂的滅度，這多摩河畔，是很好的地方了罷。

在二十三日，寫出一幅大曼荼羅來，授與池上宗仲氏。由二十五日，講演《立正安國論》了。在聖人的一生裏，跟自覺上行的自己的問題，及净化法界的宇宙的問題一塊，日本國家的現在及將來的問題，是重大的問題。現在他臨死講演《立正安國論》的事，是在點睛他一生的地方，很有要緊的意思。尤且在著作《立正安國論》的當時，竟是一個預言，僅是一個議論；可是現在已經因爲在文永，和弘安有兩次的蒙古來襲的事，就成了實事了。所以講的人和聽的人，都有無限的感慨了罷。

這麽着，九月也在不安静和緊張裏，就過去，到了十月了。在那月八日，聖人選定六老僧，成了自已死之後的主腦。六老僧，就是日昭第一，日朗第二，日興第三，日向第四，日頂第五，及第六的日持（這個人是在日本佛教家裏頭，在海外傳教的先驅者。他是聖日蓮入滅之後過了十三年，打日本駿州起身，渡過北海道，教化土民；又渡過庫貝島，進入西伯利亞去了。現在還不知道他入寂的地方。可惜）。

又在十一日，向經一麿（當時十四歲），遺囑在帝都傳教；而且對於弟子們遺言，把自己的墳塋，建立在身延山的事了。這樣他死的預備，全都好了。在十二日晚上，他的弟子和檀越們，全都聚在一塊，跪在很崇嚴的聖者涅槃的席上。這麽着，聖人對於一座的人們，作了最終的訓誡。打各人的口裏，静静的念出佛經來。那梵聲音，满了屋裏。森嚴的氣脉，壓了在一座的人們的腦袋。聖人在這樣的梵唄聲裏，安然的入了大涅槃了。那時候，就是十三日早起八點鐘前後。聖壽正六十一歲。

唉！在末法救世的獅子王，是這樣的旅行永遠的巡化去了！人們都說：

> 聖人入滅的時候，大地就震動，在池上全山的樹上，没到時候，花兒就都開了。

在震駭宇宙，光臨萬世的聖者入滅的時候，現出這樣的靈瑞來，也是有的事罷。

在十月十四日晚上，把他的遺體就火葬了。到十六日，把那聖骨，奉收在寶瓶裏，到二十一日，弟子和檀越們，奉持這個，向身延山起身了。路上無事，到了身延山，是二十五日了。可是把那聖骨，奉安置在身延山之澤，六老僧們，設定輪留制度，守護聖骨，奉仕聖靈了。

四條金吾，在聖人入滅之後，不久辭官，就隱居在聖人的墳傍，過了二十多年的餘生。還有別的好些個弟子，和信徒們，也勤勞的奉仕老師傅的聖靈了。那聖骨，現在還儼然的奉收在身延山的寶龕裏哪。參拜其聖骨的人，無論誰，都不知不覺的流出感嘆的泪來了。

唉！聖日蓮入滅之後，已經過了六百四十多年了。理想的前途，是還遼遠。

> 已經我日蓮爲先驅了！我黨們，第二道戰綫，第三道戰綫的跟着我，優勝迦葉、阿難，也超越天台和傳教罷。若害怕小島的國主等的威嚇，怎麽對閻魔王的詰責呢？自己説佛使，倒怕起來的，那就是廢

物了。這麼教訓我的門徒了。

按着這聖訓想想，第二道戰綫的日蓮，第三道戰綫的日蓮，現在在哪兒有呢？與其找一找別人裏，我們不如先求自己的精神裏。可是自覺自己要成在現代的日蓮，就先改造自己的思想，救濟自己本身，化導自己的家庭，救濟社會國家，到了兒在全世界，廣布妙法，净化世界人類就是了。這是尊信在末法時代的大導師聖日蓮，并且奉持佛教的中心生命的日蓮主義者的使命。

南無妙法蓮華經！

教义簡篇

第一章　日蓮主義是甚麼

日蓮主義，是靠着日蓮聖人的教義，生出來的佛教徒的主義。現在還有用日蓮宗，或是法華宗等的稱呼的人；可是大概在家和出家的人，都總稱日蓮主義。這理由有兩個：因爲他所依的佛經《妙法蓮華經》，是一代佛教的眼目，又是代表（就是在這個佛經裏，徹底闡明佛陀本懷的主張），所以不是叫僅僅一個宗派私稱的。應當按着根本方針爲主義，這是第一。又這是爲一般文化運動的基礎的時候，不讓寺院和僧侶專屬，解放世界的必要上，有超脫叫"宗"的稱呼的趨向，這是第二。

解釋《法華經》，是以中國的天台大師的學說，爲基礎的材料，就精神淳化了。成其哲學的根柢的"一念三千"的法門，不但是古來一般佛教學者最重要看的，而且近來哲學者們，研究西洋哲學和一般宗教學的時候，也認定是不可缺的深遠的哲理了。可是由天台的學說，進到日蓮主義的教學發展的内在的觀察，是最要緊的着眼處。所謂天台式觀法的極端理智的悟道，和日蓮式觀心的直覺體達的修行，假令其目的是一樣，可是在實行上難易的地方，也非常的隔絕。前者是學究的，而且是静止的；後者是宗教的，而且是活動的。

表示佛教發達的組織的體系，就是由大台的"五時八教"，更進步就成了"五綱判教""五重相對""四種三段"等的解説。就是因爲這個，在一代佛經裏的《法華經》的地位，在《法華經》本身裏的本門的地位，在本門裏的本佛的地位，以及按著時代的《法華經》的推移，按着國土的發展，和文化的消長等，被一目了然地表現了。這麼着，看做違反這法則的舊佛教，是應當改造的，就糾正諸宗的謬非的，是所說的"四個格言"。

在日蓮主義，爲眼目的宗教的生命，是所說的"三大秘法"。這"三大秘法"，就是"本門之本尊""本門之戒壇"和"本門之題目"。"本尊"是本着"一念三千學"的信仰之對境的意思，就是把一佛即汎佛，汎佛即一佛，所謂一神教和多神教，調和圓融的根本原理，按着曼荼羅式，就縮寫出來的；"題目"是《妙法蓮華經》的五字，這就是在所謂"身口意三業"念唱，就進向信仰修行的標語；"戒壇"是在我們，跟本尊對峙時候的靈妙境涯，就是所說的道場的意思。又在那延長上，認定將要按着國家，或者按着世界，就建立的靈境。若是按着思想解釋這"三大秘法"的時候，"本尊"是武裝真理的一個文化的模子；"題目"是發現在信仰生活的力量的；"戒壇"是實現個人的，并且社會的理想的舞臺。按着一般說：這"戒壇"是表示實行個人成佛，和綜合成佛的標準。

日蓮主義的信仰的長處：第一是對於生命的根本改造，一定要有很深的信念，一點不認一時慰安的淺信的地方。所以那信徒的感激，是各人都一樣的强烈；宣傳的態度，大概是强襲的樣子。第二是很主張，不滿足信卯的精神的把住，立刻就進到實行的方面，照着教義，體驗活躍的地方；就是以所說的色讀（身讀）爲本領。自建設主義以來，那信徒的生活，常忍受僧俗的迫害，對抗异端和官憲的壓迫，能傳承信仰的氣節來的，是由以上的信條生出來的必然的結果。

在日蓮主義，也是不用說，努力研究關於過去，及来來的精神生活，并且也體驗這個的事了；可是其中最重要看現世的生活就活動了。那就是《法華經》本身的精神，以現實世界的理想化，爲那特色，即是以宗教生活，和政治生活的圓融，爲本領的緣故。那個諫諍國家的運動，也是這樣精神的具體化了。這是不外使現在的國家，順應正法——妙法蓮華經主義，而且思想生活和經濟生活，也全都要同化法華的理想。

第二章　日蓮主義的宗旨

一、人生的目的＝本佛（世界觀）

我們在世上生活，是究竟爲什麽？

人生的目的如何

…………

這種種的問題，是覺醒理智的人們，碎了好幾回肝膽，要求解決的難題。有人對於這些好像謎兒似的難題目，回答説："那是爲保存自己和種族。"又有人説："那是爲實現人格。"又有人説："那是爲追求理想。"科學家、倫理學家、哲學家等，對這些難題，各人用好幾樣的解釋來回答，所見都不一樣，那不必説了。可是日蓮主義，是探求所説的"自己的本體""人格的基礎"和"理想的本質"，怎麽看這些問題呢？現在我想可以用最簡單的斷言來回答説："人生的目的就是成佛。"所以聖人説：

> 我日蓮從少年時代，没有求俗世安樂的禱告，不過就是想着成佛的事……

那麽"成佛"是什麽事呢？那是變成金顔色木像的事麽？或是要

安坐蓮臺上的事麽？説到燦爛金顔色的佛像，或者蓮花臺上微妙圓滿的聖姿，那是佛陀的具體的表象，可是不是立刻就能成了，我們生存目的的成佛之埋想。那麽，我們總得十分明白認識佛陀的概念。

在《法華經》裏，所説的佛陀，有兩種屬性：第一是生命長久，就是有無始無終的久遠的生命。第二是佛陀遍滿在宇宙裏頭的“實在”，就是宇宙萬有，雖然一草一樹，没有不是佛陀的活現的。把這樣的佛陀，我們稱呼爲“久遠實成的釋迦牟尼佛”。又省略地稱呼爲“久遠的本佛”。

本來釋迦牟尼佛，不僅是在印度從一個王族生出來的人，而且按着那位的本體論，就是拿無始無終的久遠生命，遍滿在這宇宙裏頭的。這道理是佛陀頭一回，在《法華經•如來壽量品》裏説出來的。没有在别的好些個佛經裏説過。這就是，《法華經》的教理，在一切教理裏頭，屬第一的緣故，所以聖人在《開目鈔》裏説：

> ……若是在一切佛經裏頭，没有這《壽量品》的時候，就好像是在天上没有日月，在人的身體裏没有精神似的。
>
> ——七九〇

又嚴嚴的教訓説：

> ……諸宗的人，不知道《壽量品》。這都是跟畜生一樣；就是不知恩的人。
>
> ——《開目鈔》，七九一

這樣有長久不滅的本體的本佛，他自身説過：“常住此説法。”

可是那聖姿不映影，在我們一般人的眼睛裏。這是什麽緣故呢？那是實在由驕傲安樂，和悲觀無常的凡人的淺見的原故。若是愚痴迷惑放逸和邪見的凡人，知道佛陀平常日子，往在這兒的事；并且知道假令犯什麽罪孽，或是懷着甚麽壞心，也能够常被佛陀解救，他們就對於這慈悲救濟的主君、老師、父親的佛陀，没想起渴仰戀慕的思念來。没有渴仰心的衆生，永遠不能被救濟。這麽着，佛陀因爲要叫衆生想起信仰心來，就假藏聖姿，現出"滅度的相"來了。所以在印度應現的具有人格的佛陀，也是要爲這慈悲的活動，假現又假滅的。這樣神變不可思議的如來的活動，就在《法華經》裏説："如來秘密神通之力。"天台大師説："這'秘密'倆個字的道理，是一身即三身，三身即一身。"現在我要再説説這道理："法身"，就是宇宙法界的本體；"報身"，就是具有在法界裏，現出來的好些樣兒的現象上的智慧和德性；"應身"，就是由這樣的德性，現出好些樣的相貌來，感應衆生的機緣。這三身是不要用一點兒人爲的作用，本來在一個心裏頭，融合在一塊兒的，這就是佛陀的本體。聖人在給四條金吾寫的信裏説：

> ……比方月體是法身，月光是報身，月影是應身；一個月亮，有三個道理。一位佛陀，有三身的聖德。這三身的教義，在《法華經》以外的佛經裏，全都没説過。
>
> ——一四四四

"無作三身即一"的久遠實成的本佛，若把這個由法身理體上，詳細研究的時候，總得把宇宙裏的萬有，當做佛陀本然的蜜姿。

……在《壽量品》裏的釋尊，是成了草，或是樹了。在經裏説："如來秘密神通之力……"法界,没有不是釋迦如來的聖體。

——《草木成佛口决》,七四六

即是按着日蓮主義的世界觀,客觀的外界的環境(依報)是,究竟主觀的自我(正報)的所産物;三身即一的佛陀,具有融合主觀和客觀的本性。這叫"依正不二""人法如一""色(物質)心(精神)不二""境(客觀)智(主觀)冥合"等。若是按着宗教學説,這是把宇宙萬有,看做神佛的汎神教的神人同格的境地;可是所説的神人同格,不竟是冷静的哲理,以那宇宙爲本體的佛陀,在發起救濟衆生的大活動的時候,就現出人格的實在的聖姿來了。應身常住的佛陀,就是這個。有久遠的生命的佛陀,不但是哲理的本體的法身佛,并且連報身和應身,也有永遠性的。原來佛教,大概是立在汎神教的組織上,所以法身常住的道理,是在别的好幾樣的佛經裏,也説過;可是應身和報身,常住的道理,是在《法華經》裏,獨有的最高尚的教義。所以在《開目鈔》裏説:

……佛陀在雙林,最後所説的《大般涅槃經》四十卷,以及在《法華經》前後,所説的好些樣的大佛經裏頭,全都有法身的無始無終的道理;可是没講説過,應身和報身顯本的道理。

——七六六

既然法身理體的佛陀,不但是無始無終的,而且應身人格的佛陀,被發(開)迹顯本,就成了常住的實在。日蓮主義信仰的客體的本佛,是汎神教的神,又是唯一神教的人格實在的神。若是拿别的話來説:這就是統一汎神教,和唯一神教的宗教。

若是按着發達史研究宗教，從最幼稚未開化的自然的宗教起身，進到倫理的宗教，更進到了超倫理絶對的精神教的區域了。那個絶對的精神教，分兩樣的趨向，進步了：一個是在賽姆民族裏頭，發達的希伯來系統的宗教。這個宗教，是奉仕超絶宇宙的唯一神——雅倍的所謂唯一神教。一個是在阿利安民族裏頭，發達的宗教。這個宗教，是認定宇宙萬有神的汎神教。唯一神教，發達到最高地方的，就是基督教。汎神教，最進步的，就是佛教。固然在佛教裏頭，也有近乎唯一神教的；可是說到普通的趨向，這兩大宗教，是各各代表了宗教的大潮流。

可是不論到哪兒，容易偏於自力（自己的力量）的汎神教，是慢慢的怠慢了信仰的方面，埋頭研究很冷静的哲理；所以按着宗教說，汎神教，所給大家的實事生活的力量，很少了。再說唯一神教，無論到哪兒，本着依靠他力（自己以外的力量）的感情，就可以成人生的力量的地方，是很有宗教的價值，可是很少哲理的背景。若按着哲理說，在佛教裏頭，有很幽玄的真理；可是對我們的實事生活，倒成了没關係似的，有只可當做一種學問，關在學者書房裏的趨向，就是因爲這個緣故。又說基督教，隨着近世自然科學的勃興，越發焦盧學問和信仰的矛盾。這麽着，青年的求道人們，很願意拿汎神教的彩色來，加在基督教教理的根柢上。這兩件事，真可以說是露出這兩大宗教的長處和短處來了。所以將來的宗教，一定得兼有這兩大宗教的兩個長處。可是聖日蓮，拿出群的見識，在六百多年以前，已經在《法華經》裏，識認統一這兩大宗教思想的最高尚理想了。所以日蓮主義，不是過去六百年的宗教，而是預備六百年的工夫，有救濟現代及現代以後的新時代的使命的新宗教。

我們把遍滿在這宇宙法界裏的久遠的佛陀，就是體現宇宙的無始無終人格實在的本佛和我們衆生，歸一的狀態，叫做成佛。有五尺高的小身子的人，享受遍滿在宇宙裏的本體，和久遠的生命的事，就是成佛。這個成佛，即是已經在前頭裏説的人生最大唯一的目的，并且理想的。這麼着，當我們追求這樣的理想的時候，果然我們具有足以實現這理想的可能性麼？

二、實現理想的可能＝佛性（人生觀）

按着日蓮主義着起來，人生的目的，就是成佛。既然現在的肉體本身，就是成了佛陀，所以在我們的身體裏頭，總得有佛根（佛性）。這就是所說的“不種種子，就不能生出苗兒來”的道理。在《涅槃經》裏説：“一切衆生，悉有佛性。”更按着《法華經》的“人生觀”看起來，上邊從理想的佛世界，下邊到極壞的地獄界，各界的衆生，彼此有別的九界的精神。可是十界如下：

[1] 拿理想爲本體的佛陀。

[2] 實行自利和利他的修行的菩薩。

[3] 獨善主義的緣覺。

[4] 獨善主義的聲聞。

[5] 拿快樂爲本性的天。

[6] 在善惡和迷悟中間的人間。

[7] 以瞋恚爲本性的修羅。

[8] 拿愚痴爲本性的畜生。

[9] 以貪欲爲本性的餓鬼。

[10] 極壞的地獄。

以上的十界，在自己的心裏頭，兼有别的九界。若是在看人們的容貌的時候，或現出嗇刻，或現出怒氣，或現出喜歡的相來。這些都是顯出在人界所具有的十界的姿來的，所以聖人在《觀心本尊鈔》裏說：

……好幾回看人們的臉面，有時候現出歡喜，有時候現出怒氣，有時候現出平安，有時候現出嗇刻，有時候現出愚痴，又有時現出諂媚來了。怒氣是地獄，嗇刻是餓鬼，愚痴是畜生，諂媚是修羅，喜歡是天，平安是人。

——九三一

……無顧忌的壞人，也是喜愛他的女人和子女；這就是菩薩界的一部分。

——九三二

……像堯舜似的聖人，對萬民没有偏辟，那是在人界裏的佛界的一部分。

——九三三

這樣在十界裏的各界，又具有十界，而且這各各，具有相、性、體、力、作、因、緣、果、報、本末究竟等的十種的範疇；又更經過衆生（個人性）、國土（環境）和五陰（五種的物質及精神的要素）的三世間，這樣三個的集團的見解，在此處就現出三千世界來了。這三千世界，若是芥爾也有心，就是在那一念裏，現出來的。這個一念三千，不但在理論上，可以思索；并且在實事的人生生活上，也能活現。這就是聖日蓮所説的"事之一念三千"(對於天台大師,所謂理之一念三千)。既然我們衆生,是一念三千,無論什麼人,全都有成佛的很尊貴的種子——佛性。我們拜念那《法華經》,并且很盼望聽那真理,也是因爲在我們各各的心裏頭,具有佛界的緣故。

> ……末代的凡人,生在現世界上來,信仰《法華經》,是因爲在人界裏,具有佛界的緣故。
>
> ——《觀心本尊鈔》,九三二

所以在《法華經》裏,常不輕菩薩,在宗教生活,没作念經、守戒律、布施和慈善等的修行;他只看打道兒上,來往的人們,就拿儼然的態度,作了合掌禮拜,和讚嘆的修行,就成了佛陀了。這位菩薩,作了在《法華經》裏所謂一"但行禮拜"的修行。就是這位菩薩,一看見人們,就合掌禮拜説:

> 我深敬汝等,不敢輕慢。所以者何?汝等皆行菩薩道,當得作佛。
>
> ——《法華經·常不輕品》

所以他或者被憍慢的比丘們,惡口罵詈的時候,一點兒也不介意;或是被他們的杖木瓦石,打擲的時候,他也是避跑,逃到很遠,又説"我深敬汝等……"。這樣故意實行禮拜讚嘆的修行了。因爲這樣的修行,這位菩薩,到了兒,成了佛陀了。這位不輕菩薩,口號的"我深敬汝等……"以下二十四個字的心,就是最明白表示佛性的實在。所以慈鎮和尚讚嘆説:"佛根,全都顯出在二十四個字上了。一點兒也没有隱藏的。"日蓮聖人説:

……不輕菩薩，在他所看見的人，全都看有佛身。

——《觀心本尊鈔》

這兩句話，不是很有滋味的麼？

天台大師，按着在《壽量品》裏頭，所說的“我本行菩薩道，所成壽命，今猶未盡”的經文，設立《本因妙》的一科說：“佛因是根本本時的。”日蓮聖人，也是在《觀心本尊鈔》裏，注釋這《壽量品》的經文說：

……這是在我們自己心裏的菩薩等。

——九三九

又更說破了，如下：

……在我們自己心裏的釋尊，是五百塵點，乃至所顯的三身，就是無始的古佛。

——《觀心本尊鈔》

所以具有我們一念三千上的佛界，和菩薩界，是久遠本時的，決不是當時現做的。所以按着《本體論》的絶對界，看起來的時候，我們衆生，是本有自然而然的身，就是本佛。佛陀管這絶對界，叫《妙法蓮華經》。

……大凡叫《妙法蓮華經》的緣故，是把我們衆生的佛性，梵王、帝釋等的佛性，舍利弗、目連們的佛性，文殊、彌勒們的佛性和三世諸佛，所理會的妙法，一體不二的真理，就叫做《妙法蓮華經》。

——《法華初心成佛鈔》

在這妙法蓮華的本體界裏的一個人的我們衆生，也是具有"當體蓮華"的清净身，在成佛以前已經是個佛陀；即是在《諸法實相鈔》裏，所謂：

……凡人是體——本體的三身，就是本佛。佛陀是用——迹用的三身，就是迹佛。這麽着，我想釋迦佛，是因爲我們衆生，具有"主師親"的三德；可是不然，却是我們凡人，把三德奉加在佛陀的。

——九五九

我們應該進到這樣的境地裏。可是很可悲哀啊！淺慮的凡人，是竟被"貪瞋痴"很盛，和很多的地獄，餓鬼、畜生的世界所囚住，就忘了我們的"體的三身，就是本佛"的很優美的果報；竟在迷惑和煩悶的世界裏，焦慮的很可憐的命運。譬如本來我們，是富豪的獨生兒子，可是入了不良少年的夥裏，就成了流離失所的窮孩子；并且是不顧"是好良藥"，就成了發瘋的孩子似的。

那麽這放浪的窮孩子，怎麽可以回到他父親富豪的家裏去呢？這失心狂惑的孩子，怎麽可以進到"心遂醒悟"的門裏去呢？拿别的話來説，既然在我們凡人，有成佛的可能性質，怎麽開發本有己心的佛性，就能够回到久遠不滅的本佛的懷裏去呢？實在"靈山净土，比那個月卿雲客，還好看，并且上那兒去着很容易，可是我們還没去過。我們應該拜看'我即是父'的柔軟的聖姿；可是還没拜看過。這實實在在，不是濕袖焦胸的嘆息麽？連有時在晚上看，天上的雲彩的顔色，有時看曉月的光，也都是覺着被促心似的思念”（這引文，是在《持法華問答鈔》裏的一節，即《縮刷遺文録》四七三一四七四），很深了。

三、進到理想的法子＝題目

像已經在前節裏所演説的，若是我們衆生，按着本體界、絶對性，或是平等界上論，是跟本覺的佛陀一樣的；可是若按着現象界、相對性和差别界上考察，就是愚痴迷惑和邪見的衆生。像地獄餓鬼和畜生，這麽禺痴、迷惑和邪見的衆生，是靠着什麽法子，可以發揮本來的面目，就從迷惑的世界解脱，進到醒悟的世界去呢？那是靠着觀念力呢？還是仗着絶對力呢？究竟進到理想的法子，是怎麽樣呢？這個當然是在下邊，所起來的問題。

聖日蓮，對這些個問題的解答，是很簡單，并且很明白的；即是“只可受持法華經主義，奉唱‘南無妙法蓮華經’，就成了”。解决這個問題的法子，只有這一句話。所以聖人在一念三千法門裏説：

> ……一念三千的觀念和一心三觀的觀法，都收容在《妙法蓮華經》的五字裏頭；《妙法蓮華經》的五字，也是收容在我們的一心裏了。天台解釋説：“這妙法蓮華經”，是本地甚深的奧藏；就是三世的如來所證得的。這麽着，我們在奉唱這《妙法蓮華經》的時候，就顯出我們在心裏頭本覺的佛陀來。
>
> ——二〇八

我們在奉唱《妙法蓮華經》的時候，我們心裏頭的佛性，就被覺醒了；可是除去無明煩惱的迷惑雲彩，他就像明朗月亮上來似的，那麽現出來。那個時候，在客觀界的人格實在的佛陀的慈悪力，也被“題目”的力量，所喚起來，跟在我們心裏頭的佛性，感應道交了。那個樣子，正像陽電氣，和陰電氣相應；或是在籠裏頭的鳥兒，和在外頭的鳥兒，彼此賽聲似的。

……一奉唱“南無妙法蓮華經”，就拿這一聲，可以奉叫顯出一切的佛，一切的法，一切的菩薩，一切的聲聞，一切的梵王、帝釋、閻魔法王、日月衆星、天神、地神，乃至地獄、餓鬼、畜生、修羅、人、天和一切衆生的心裏頭的佛性來。那功德是無邊了。信仰我心裏頭的《妙法蓮華經》，奉爲本尊，就在我自己心裏的佛性“南無妙法蓮華經”！這麽口叫心應的顯出來的地方，就叫佛陀。譬如在籠子裏的鳥兒，吵的時候，在天上飛的鳥兒，就被叫過來聚在一塊似的；在天上飛的鳥兒，聚來的時候，在籠子裏的鳥兒，也要飛出去似的。當我們在口裏奉唱妙法的時候，我們的佛性，也被叫就一定顯出來。佛陀和菩薩的佛性，被叫就很喜歡。所以在《法華經》裏說：“若暫持者，我即歡喜，諸佛亦然。”就是這個意思。所以三世的佛陀們，靠着《妙法蓮華經》的五字，就成了佛陀了。

——《法華初心成佛鈔》，一六九一

像在這遺文裏説諭人們很鄭重的，妙法五字的題目，是結合我們的佛性，和佛陀的慈悲力的很要緊的繩子。又這是一切的佛陀們，得了佛陀的自覺的根本種子。所以在此鈔裏又説：“成佛的種子，除了《法華經》以外，没有了。”又在《日向記》（這是弟子日向，把聖人講的經，用筆記下來的）裏説：“所謂本因的因，就是下種的

‘題目’。”這兩句聖語的意思，是竟奉唱“題目”的事，就是成佛的根木原因；由奉唱“題目”能够種成佛的種子的意思。那麼有這樣神妙不可思議的力量的“題目”，是什麼東西呢？

《妙法蓮華經》，是一部佛經的名字，那不用説了；可是那不但是經書名字，而且是體。因爲所説的“名字是顯出本體的”，所以普通一切的東西，名字是很要緊的。所以天台大 師，按着《妙法蓮華經》的五字，解釋出“五重玄義”來説：“在名字裏頭，含有體（本體）、宗（主義）、用（作用）和教（教義）。可是看做名字是這些個一切的代表的名義。”譬如説起中國來，裏頭就含有領土、國民、國體和國史等似的，《法華經》一部的功德，也是全都在妙法五個字裏頭，具有的了。所以聖日蓮説：

……究竟常時的人們，想《妙法蓮華經》的五字，不過是經名字。其實不然，這是本體。本體就是精神。

——與曾谷入道回信，一六五六

這麼説起來，在妙法五字裏頭，既然包含《法華經》一部的本體、主義和作用什麼的，那裏頭，總得收着本佛的慈悲、智慧和所有因果的功德。聖人又説：

境（客觀）、智（主觀）的二法，是什麼東西呢？那竟是“南無妙法蓮華經”的五個字……

因爲融合客觀（境）和主觀（智）的地方，是《妙法蓮華經》，所以像已經在前節裏説過的，融合我們主觀的佛性，和客觀佛陀的慈悲的絶對本體界，也是《妙法蓮華經》。所以聖人教示説："無作三身的寶號，叫南無妙法蓮華經。"又教示説：

無作三身的作用，是什麼呢？那就是"南無妙法蓮華經"。

這麼説起來；按着世界觀，所看的本佛的實在，和他的活動；又照着人生觀，所看的佛性的實存，及作用等，全都被妙法五字的光明所照耀，就發揮各各本有的面目。所以"題目"的力量，實在是最高最勝，就是絶對無限了。這麼着，我們歸命這絶大的力量，就得突進到人生目的之成佛的理想。

四、信仰的生活＝妙力

像以上所説的，我們由奉唱"題目"的功德，開顯本覺的佛性，歸入絶對本佛界，自然的成佛陀。所以極力認定自己本然的力量，是很盛大的。那是恰巧像有自力宗似的樣子。可是這自力，不是簡單的自力。像在前頭屢次説的，由絶對平等界上看的時候，佛陀和凡人，本來是同一理體的；可是若照着現象差别界，相對的考察，我們的生活，就不必是佛陀的生活。在煩惱、業、苦裏頭，呻吟的我們凡人之上，儘有永遠的佛性，所活動的本佛。而且這位佛陀，以久遠的生命和宇宙爲本體，并且他常懷着拿他的偉大的慈悲力，要救濟雖然在佛界裏頭的一部分，可是在苦惱和迷惑的世界裏，徘徊的很可憐的衆生的大願。在《法華經》裏説：

……每自作是念,以何令衆生,得入無上道,速成就佛身!

——《如來壽量品》第十六

這是佛陀的本懷。這樣不停止慈悲的誓願的本佛，又是我們衆生的主,和親,和師。在《法華經》裏說:

……今此三界,皆是我有(主),其中衆生,悉是吾子(親),而今此處,多諸患難,唯我一人,能爲救護(師)。

——《譬諭品》第三

這主、師、親三德有緣的佛陀,靠着主的地位,教人説:"我此土安穩。"又靠着親的地位,慈愛孩子説:"我亦爲世父,救諸苦患者。"更靠着師的地位説:"常住此説法。"我們夤緣這"主師親本佛"的大慈悲力，由差別苦惱的世界，被救出來，就歸入根本本有的佛界裏頭去，這就是我們的宗教生活。所以按著這一面看的時候，日蓮主義，也是偉大的他力宗。就是"自力"，一定預想"他力"；他力又拿自力爲前提。聖人在《一代聖教大意鈔》裏説:

……這法華經主義,是"自力",可是不一定就是自力。因爲是具有十界的一切衆生的"自"的緣故。所以本來在我的身體裏，具有自己的佛界,和一切衆生的各各的佛界。所以現在成就佛身,也不是新佛。又是"他力",可是也不一定就是他力。因爲別的佛陀,自然的具有我們凡人的緣故。所以別的佛陀,也是像我們似的現同於"自"。

——一九四

在這兒所說的"是自力,可是也不一定是自力","是他力,可是也不一定是他力"的境界,就是應該統一汎神,和唯一神的最進步的宗教,所應采納的最善的信仰狀態。若說起絶對他力來的時候,當然帶着破壞個人自存的尊貴佛性的弊害。破壞佛性,滅失菩提心(宗教心)的信仰,究竟是二元的舊時代的遺物。這不是演説絶對平等自由,而且主張合一物心的現代以後的宗教。又所説的絶對自力,到蓮兒陷入一種的無神論;所以這也是缺乏宗教的價值。於此,我們不論到哪兒,也是主張"靠着自力的他力",并且信"融合自力和他力"。這就是我們日蓮主義的信仰。這個力量,叫感應力或者"妙力"。

總而言之,我們的宗教,是靠着自力所開發自己的佛性的信念力,三身常住久遠本佛的偉大的護念力,和妙法本有不可思議的救濟力,這三力冥合,就感應道交的時候,我們就成了佛身。在這兒,纔結了理想的果子。

既然是"自力即他力",就是"妙力"——感應力。在我們的信仰生活,一定不要自己囚住自己,或是誇賞自力。到了兒對現出相對差别的相貌來的現象界裏頭的很醜惡的自己,自覺我是一塊的煩惱,是罪孽的結晶,并且是苦惱的存在,就應當儘要一直的夤緣久遠本佛,和本法(妙法五字)的救濟衆生的大慈悲力,和摩訶不可思議力。若是不自覺自己是卑劣的,那不容易生起信仰的思念來。

我們只管解脱像地獄、餓鬼,和修羅聚在一塊似的,三界火宅的苦惱世界,要打算眺望常寂光的明月,就信仰最高尚《妙法蓮華經》,和三德有緣的佛陀,不生一點疑惑的時候,在我們心裏,油然生出來的,就是《妙法連華經》的五個字了。所以天台大師說:"因爲信力的緣故,所以受納。"可是已經所受的信,若是放任他的時候，就像水泡似的不久的就消滅了。所以所受的信，總得保持。大師又説："因爲念力的緣故，所以保持。"所以信念，是進入心髓裏頭，千萬別忘的。

我們要實現成佛的理想，像已經過説的靠着信念唱題的一個修行，纔行哪。所以靠着信念，就受持的，究竟不外受待妙法五個字的"題目"了。受持"題目"的事，就是三尺高的小孩子，也可以辦到。這個比吃乳孩子，吃奶的事，還不容易麽？又這個比他力念佛的易行，還不容易麽？所以只若我們（孩子）受持（吃）本佛（親）給我們的本法五字（奶），就可以成"即身成佛"的大果。那有什麽難的呢？那是不錯的。奉唱"題目"的事，是很容易的。若是不容易，那就不是救濟萬人的佛法。可是奉唱"題目"，儘在口裏的修行，那是不成的。在口裏念唱的時候，一定要在心裏頭念唱；在心裏奉唱之後，就應該在身體上實行。這是所説的遍滿"身口意"三業的唱題修行。可是單是自己一個人的修行，那不行。自己一個人的修行，總得爲人們，爲團體，爲社會，爲國家，和爲世界的修行。就是得爲社會奉仕的修行。聖人説：

……題目——南無妙法蓮華經，有兩個意思。那是所謂"正、像"和"末法"。在正法的時代裏頻，天親菩薩，和龍樹菩薩，已經念唱"題目"了；可是不過爲自己的修行。在像法的時代裏頭，南岳和天台，也是竟奉唱題目"南無妙法蓮華經"了。可是這也是爲自己的修行，没爲一般人們講説過。這是現行的"題目"。進到末法時代，現在我日蓮，所念唱的"題目"，跟在前時代的題目不一樣；就是晋及自己的修行，和教比人們的"南無妙法蓮華經"。

——《三大秘法鈔》，二〇五三

若是按着一念三千的理法，觀察的時候，我們自己的存在，和十方法界的“實在”，有因果的關係。就是離開宇宙，自己不能存在；又離開自己，也没有宇宙的“實在”。所以我們的生命，就是在一剎那之間，所動作的，也跟全宇宙有關係。我們的幸福，就是宇宙的幸福；在宇宙間的罪孽，就是我們的罪孽。所以在世界上，就是有一個壞人的時候，我們也總得覺悟，按着共同的責任負擔那責務，就自己一個人的成佛，也是宇宙法界的成佛。我們管這自覺很熱烈罪孽的共同責任的事，叫做“與同罪”，或是“共業所感”。以要言之，在我們修行“化他的題目”的時候，就是靠着這熱烈的共同責任的自覺；我們要滅却與同罪和共業所感，總得詰責全宇宙的罪孽，并且諫諍一切的邪惡，就使人們歸正入信。於此，因爲作《法華經》色讀體驗的化他們的修行，碰了人們的根本罪惡，就要受人們反抗；所以這體驗《法華經》的修行，是很困難的。拿偉大的人格和靈格的日蓮聖人，遭了在日本六十餘州裏頭，連住的地方，也没有的那麼大的迫害了。日蓮主義的信仰，一定得熱烈。必要“一心欲見佛，不自惜身命”的覺悟；“我不愛身命，俱惜無上道”的熱心，是很要緊的。

賭身命的信仰！這是多麼强大的信仰啊！這麼樣的日蓮主義，是“力量的宗教”。所以這個主義，給現實的人生上，偉大的發憤和感激；這是由“不惜身命”的佛勅的緣故。“已經我日蓮，爲先驅了！”我們拿感激的泪，和報恩的心，總得在第二道戰綫，和第三道戰綫上，跟着他；而且總得：

> 因爲過一輩子是很快，所以無論怎麽重起强敵來，也一點兒没退心，又没怕心，假使被敵人拿鋸、鍛開我們的脖子；或是拿稜鉾，刺上

身，或者拿鎖鎖着脚，而且拿錐子鑽，也在能够呼吸之間，奉唱“南無妙法蓮華經”！“南無妙法蓮華經”！還唱着就死了。

五、成就理想＝戒壇

“死以奉仕的宗教”，“賭身命的信仰”！那是在凡人的淺慮，看的時候，實在很可怕的。可是在不能决定這覺悟的人，不知道真實宗教的放心的法悦。又在這樣覺悟的前邊，連惡鬼和羅刹，也不能發揮暴力。若行者，有决死的覺悟，并且佛陀，有救濟衆生的誓願，人生就一定能過幸福的日子。那現證，是果然在六百年以前，垂示給我們了。就是聖日蓮把迫害多難的一生，過了在鎌倉的街上，或是在伊豆的怒濤，或是在佐渡的雪裏，或是在身延山的幽谷，“雖然不哭，可是流泪不絶”的一生的時候，在他的心裏頭，不論在哪兒住，也常滿了法悦了。他的遺文三十卷（四百劣篇），實在是這法悦的很尊貴的紀念碑。

蒙上身體上的浮雲，也可以放晴罷！仗着颳起鷲峰的山風，就是妙法華的風。

聖日蓮這樣的喜歡，是感謝成就成佛的理想的聲音，又是成了人生目的的歡喜的口號。當這樣成就理想的時候，先現出現實生活的净化來，以前是煩惱，和業苦的迷惑世界，一轉就成了平和、正義、慈悲和真理的世界了。到現在，是人生苦惱的第一步的生和死的葛藤，很遠的隱了姿，就現出“生死即涅槃”來了。又由迷惑的種子（就是好些個貪慾），所起的“煩惱”，就成了“即菩提”；苦惱的“娑婆”，成了“寂光净土”。那時候，人生、社會、國家和世界，全都現出理想的樣子來。在此，不生出法悦可以呢？也不生出喜歡可以麼？

可是這法悦，不竟是在現在的生活生起來的。在主張三世一貫的日蓮主義，現在的成佛，就是過去的成佛，同時又是未來的成佛。

> ……我們是在明明白白的法華經行者。又在未來一定是“當詣道場”罷！按着這個推量過去，我們大概是在“虛空會”的了罷？三世都没有各别。我這麽樣想了又想，所以雖然是流罪人，可是喜歡的了不得了。
>
> ——《諸法實相鈔》，九六二

成就這三世一貫的成佛理想的事，不但是現出一個人之上來，按着在前頭裏，所説的“一念三千”的玄妙意思，修行自行和化他的唱題——念唱題目，結果，當然期望成佛國家，和成佛世界的。若是當成了國家和世界的成佛的時候，成了促進法華經主義道德的中樞機關，就一切衆生，受懺悔滅罪的儀禮的地方，就是在變成法華經主義的世界教團的中心聖地，是“本門的戒壇”。這個戒壇，不但是“在三國以及一閻浮提的人們，都懺悔滅罪的戒法，而且是連大梵大王、帝釋等也下來，就要踼的戒壇”。可是這樣的戒壇，是在未來，“找一找跟靈山净土相似的最勝的地方，應當按着世界建立的”。這戒壇是救濟在末法濁惡世一切衆生的法華經主義（日蓮主義）的根本道場。在世界的人類，都要聯合一致，在建立這本門之戒壇的時候，人世的黑暗纔可以長久地放晴。

這樣在日蓮主義，個人的成佛，接着現出國家和世界的成佛來。所以若是個人、國家和世界，全都信仰日蓮主義，一定能招徠，國家、世界和人類的進步跟和平。所以日蓮聖人説：

……汝早改信仰之寸心，速歸實乘之一善，然則三界皆佛國也，佛國其衰哉？十方悉寶土也，寶土何壞哉？國無衰微，土無破壞，身是安全，心是禪定。此詞此言，可信可崇矣。

——《立正安國論》，三九一

……各人看看！若是天下萬民，和好些佛乘，全都成了一佛乘，單是在妙法繁昌的時候，萬民一同奉唱"南無妙法蓮華經"，就是颱風也不響枝兒，下雨也不碎土，時代就成了羲農之世；在今生，除去不祥的灾難，就得了長生的法術，顯出人間和佛法，一共不老不死的道理來的時代罷。"現世安穩"的證文，是一點没有疑惑的了。

——《如説修行鈔》，九六七

第一節的本佛（本尊），第三節的題目，和第五節的戒壇，是所謂在《法華經》本門的三大秘法，即是日蓮主義的中心根基。可是這三大秘法，是教給人們開顯所有的思想和文化，就有統一的歸趣了。

南無妙法蓮華經！

月自西出照東，日自東出照西。

佛法亦如是耳。

正像自西向東，末法自東往西。

——《顯佛未來記》，九七六

日蓮聖人傳——圖解

- 日蓮聖人傳(六十一年)
  - 教育時代(三十一年)
    - 家庭(自一歲——貞應元年二月十六日生至十一歲)
    - 出家(自十二歲至十六歲)
    - 游學(自一七歲至三十一歲)
  - 活動時代(三十年)
    - 鎌倉(約十九年)
      - 清澄之開教
      - 小町之法戰
      - 松業之谷火攻
      - 往伊豆之流罪
      - 小松原之法難
      - 龍口之法難
      - 自三十二歲(建長五年)至五十歲(文永八年)
      - 《立正安國論》諫諍國家——序分
    - 佐渡(約三年)
      - 塚原三昧堂
      - 一之谷
      - 最後諫諍
      - 自五十歲(文永八年)至五十三歲(文永十一年)
      - 《觀心本尊鈔》奠定本尊——正宗分
    - 身延山(約九年)
      - 身延山傳道
      - 在池上入滅
      - 自五十三歲(文永十一年)至六十一歲(弘安五年)
      - 《報恩鈔》廣宣流布——流通分

教義體系圖解

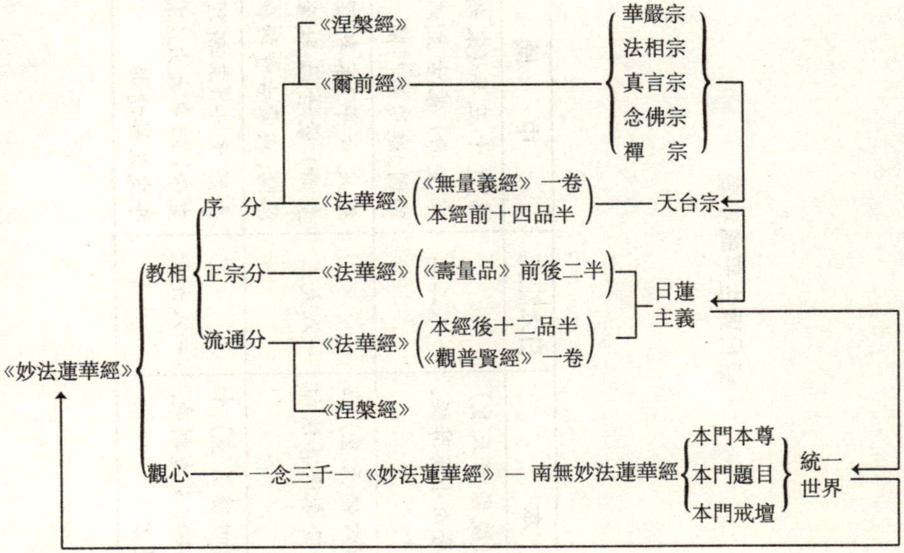
《涅槃經》
《爾前經》
華嚴宗
法相宗
真言宗
念佛宗
禪　宗
序　分
《法華經》
《無量義經》一卷
本經前十四品半
天台宗
教相
正宗分
《法華經》
《壽量品》前後二半
日蓮
主義
流通分
《法華經》
本經後十二品半
《觀普賢經》一卷
《妙法蓮華經》
《涅槃經》
觀心
一念三千
《妙法蓮華經》
南無妙法蓮華經
本門本尊
本門題目
本門戒壇
統一
世界

聖日蓮生平略年表

聖人壽辰	日　本	日本紀元	中　國	西歷紀元	佛滅度後
一歲	貞應元年壬午(後堀河天皇)二月十六日，在房州小湊降誕，命名善日麿	一八二二	嘉定十五年(宋朝寧宗皇帝)蒙古主滅回回國，進迫鐵門關	一二二二	二一七一
十二歲	天福元年癸巳(四條天皇)五月十二日，入清澄寺道善法印學堂	一八九三	紹定六年(宋朝理宗皇帝)蒙古攻取金之洛陽，與蒙古會師伐金	一二三三	二一八二
十六歲	嘉禎三年丁酉(四條天皇)十月八日，從道善法印受戒剃染，改名蓮長，號是生房	一八九七	嘉熙元年(宋朝理宗皇帝)臨安大火；蒙古平定欽察諸部	一二三七	二一八六

续表

聖人壽辰	日　本	日本紀元	中　國	西歷紀元	佛滅度後
十七歲	曆仁元年戊戌（四條天皇）游學鎌倉，歷訪諸宗之碩學高德	一八九八	嘉熙二年（宋朝理宗皇帝）元建太極書院於燕京	一二三八	二一八七
二十一歲	仁治三年壬寅（四條天皇）歸故鄉省師親；在清澄寺，著作《戒體即身成佛義》；再往鎌倉，更就游學比叡山之途。爾來十二年之久，以比叡山爲中心，研究佛學，巡游京都、奈良及高野，訪問世出之賢哲，而極內外典之秘奧	一九〇二	淳祐二年（宋朝理宗皇帝）正月，蒙古寇蜀；七月，蒙古兵渡淮水入寇	一二四二	二一九一

续表

聖人壽辰	日　本	日本紀元	中　國	西曆紀元	佛滅度後
三十二歲	建長五年癸丑（後深草天皇）三月，奏上《伊勢大廟開教》；四月二十八日，在清澄山上樹立新宗教；五月，往鎌倉卜聖居	一九一三	寶祐元年（宋朝理宗皇帝）蒙古討伐西域。忽必烈、兀良合璧，滅，滅大理，降伏吐蕃	一二五三	二二〇二
三十九歲	文應元年庚申（龜山天皇）七月十六日，著《立正安國論》與執權北條時賴，第一次諫諍國家；八月二十七日，怨嫉之兒徒，乘夜陰來襲松葉之谷，火燒聖庵	一九二〇	景定元年（宋朝理宗皇帝）忽必烈即位	一二六〇	二二〇九
四十歲	弘長元年辛酉（龜山天皇）五月十二日，被流罪到伊豆伊東	一九二一	景定二年（宋朝理宗皇帝）蒙古與宋修好	一二六一	二二一〇
四十二歲	弘長三年癸亥（龜山天皇）二月，被赦歸鎌倉	一九二三	景定四年（宋朝理宗皇帝）買公田	一二六三	二二一二

续表

聖人壽辰	日　本	日本紀元	中　國	西歷紀元	佛滅度後
四十三歲	文永元年甲子(龜山天皇)八月,因聖母病歸家;十一月十一日,在小松原被東條景信偷襲,鏡忍、吉隆等殉教,聖人亦負傷	一九二四	景定四年(宋朝理宗皇帝)蒙古以燕京爲中都。理宗崩	一二六四	二二一三
四十六歲	文永四年丁卯(龜山天皇)八月,因聖母薨歸房州	一九二七	咸淳三年(宋朝度宗皇帝)以顔、曾、思、孟配享孔廟;蒙古阿术入寇	一二六七	二二一六
四十七歲	文永五年戊辰(龜山天皇)一月,蒙古使者來;十月,裁書送大官及諸大寺十一處,請求於公堂解决法門之可否	一九二八	咸淳四年(宋朝度宗皇帝)蒙古、阿术圍襄陽	一二六八	二二一七

续表

聖人壽辰	日　　本	日本紀元	中　　國	西歷紀元	佛滅度後
五十歲	文永八年辛未（龜山天皇）九月十二日，寄書平賴綱，再諫諍國家；同日夜，於龍口招斬首；十月，被流罪往佐渡島	一九三一	咸淳七年（宋朝度宗皇帝）蒙古入寇。蒙古建國，改國號爲元	一二七一	二二二〇
五十一歲	文永九年壬申（龜山天皇）二月，在佐渡島琢、中原，著《開目鈔》	一九三二	咸淳八年（宋朝度宗皇帝）元圍襄陽五年	一二七二	二二二一
五十二歲	文永十年癸酉（龜山天皇）四月，在一之谷著《觀心本尊鈔》；七月八日，始書《顯大曼陀羅本尊》	一九三三	咸淳九年（宋朝度宗皇帝）元以貞金爲太子。送人多降元，樊城、襄陽淪陷	一二七三	二二二二

续表

聖人壽辰	日　本	日本紀元	中　國	西歷紀元	佛滅度後
五十三歲	文永十一年甲戌（龜山天皇）三月，被赦歸鎌倉；四月八日，以國難警告賴綱，此爲第三次諫諍國家；五月，離開鎌倉入身延山。爾後隱栖九年，期間努力教養弟子和檀越，又著作《撰時鈔》《報恩鈔》，固萬年弘法之基礎	一九三四	咸淳十年（宋朝度宗皇帝）七月，度宗崩；十二月，元大舉入寇	一二七四	二二二三
六十一歲	弘安五年壬午（後宇多天皇）九月八日，出身延山。十八日，入武州池上邑池上宗仲邸。十月八日，選定六老僧，授命遺誡；十月十三日，入大滅度	一九四二	至元十九年（元朝世祖皇帝）文天祥被斬首	一二八二	二二三一